Harald Orth · Andreas Scheuermann (Hrsg.)

You'll never walk alone

Porträts, Storys und Denkanstöße aus der Fußballwelt

INHALT

Vorwort: Felix Uduokhai 4

Die Mannschaft

Der Trainer: Das Potenzial wecken.................................. 6

Einwechselspieler: Joker bei Bedarf.............................. 10

Der Torwart: Besondere Kompetenz 13

Abwehr: Die harten Kämpfer 17

Mittelfeld: Die Vorbereiter... 21

Der Sturm: Die großen Stars... 25

Die Fans: Die Treuen 29

Der Schiedsrichter: Der Gerechte 33

Der Kapitän: Ein Mann des Vertrauens 36

Das Turnier

Vorbereitung: Das Ziel im Blick haben 39

Die Spielerauswahl: Die große Enttäuschung? 42

Das Quartier: Wenn der Teamgeist im
Spieler-Quartier zum Zug kommt 46

Die Spielregeln: Fehlentscheidung oder nicht? 49

Die Rückpassregel: Gegen langweiligen Fußball 52

Die Favoriten: Wenn Erwartungen unter Druck setzen.... 56

Die Underdogs: Die Außenseiterrolle als
Stärke sehen 60

Die Vorrunde: Auch nach Rückschlägen
noch weiterkommen 63

Die Pause: Drei Tage in die Eistonne 67

Die K.-o.-Phase: Die entscheidenden Momente 71

Das Finale: Auf das Ende kommt es an 74

VORWORT

Liebe Fans,

der Fußball ist eine faszinierende Angelegenheit. Die angeblich „schönste Nebensache der Welt" weckt in uns Emotionen, die manche Hauptsache nicht hervorrufen kann. Und das Verrückte ist: Zwischen Euphorie und tiefer Enttäuschung liegen manchmal nur Millimeterentscheidungen, die für das Spiel genauso entscheidend

sein können, wie für die Stimmung am Wochenende: Bei einem Sieg kann im Grunde nichts mehr die Freude trüben. Aber nach einer Niederlage braucht es einige Zeit, bis wir wieder gut drauf sind. Das zieht ganz schön runter!

In diesem Buch geht es genau darum. Um die Höhen und Tiefen, die man erleben kann. Um den Druck, der sich aufbaut vor einem entscheidenden Spiel. Um die Herausforderungen und Chancen, mit denen man konfrontiert wird.

Ich selbst habe einiges davon schon selbst erlebt. Ich kenne das verrückte Gefühl, wenn man ans Telefon geht, und am anderen Ende meldet sich tatsächlich der Nationaltrainer. Und genauso die Enttäuschung, es nicht in den Kader geschafft zu haben. Ich habe meine Strategien, mit dem Leistungsdruck auf dem Platz umzugehen und Niederlagen zu verarbeiten.

Eine dieser Strategien ist relativ einfach: Ich weiß, dass Fußball eine Nebensache ist.

Versteht mich nicht falsch: Ich liebe diesen Sport und der Fußball hat mir schon viel ermöglicht in meinem Leben. Aber in Bezug aufs große Ganze bleibt diese faszinierende Welt doch letztlich relativ unbedeutend. Für den Sinn in meinem Leben brauche ich etwas anderes. Beziehungsweise: jemand anderes. Und zwar Jesus Christus. Er ist es, der mich trägt, wenn ich es nicht in den Kader schaffe, meine Mannschaft verliert oder ich durch eine schwere Verletzung muss. Bei ihm kann ich auch all den Dank und die Euphorie abladen, wenn es gerade richtig gut läuft. Denn er gibt meinem Leben Halt und Ausrichtung.

Auch davon handelt dieses Buch, und es verknüpft auf diese Weise die schönste Nebensache der Welt mit der Hauptsache!

Ich wünsche euch viel Spaß beim Lesen.

Euer Felix

DIE MANNSCHAFT

Der Trainer

Das Potenzial wecken

Ganz klar: Der Trainer ist entscheidend für den Erfolg. Meiner hatte mich bestmöglich auf die Europameisterschaft im Duathlon vorbereitet. Ich habe ihm vertraut und den Europameistertitel für Deutschland gewonnen.

Ein guter Trainer muss dich kennen, fördern, herausfordern, anleiten und dir etwas zutrauen, damit du dein Bestes geben kannst. Er bestärkt das Gute in dir und gibt dir Sicherheit auf dem richtigen Weg. Er lebt dir vor und zeigt dir, was du umsetzen kannst. Genau das wünsche ich mir von einem Vater – auch vom „himmlischen Vater", von Gott.

> *Welche Menschen waren für mich Lebens„Trainer"?*

Ich stelle mir Gott wie einen perfekten Vater vor – nicht wie meinen eigenen Vater mit seinen Fehlern und seiner Begrenztheit. Oder wie einen perfekten Trainer, dem ich vertraue, dass er das Beste für mich will: Er ist bedingungslos für mich da. Er fördert mich. Fordert mich auch mal heraus, leitet mich im Leben an und traut mir etwas zu. Er möchte, dass ich mir meiner Identität bewusst und seiner Liebe sicher bin, egal, was auf dem Spielfeld

passiert. Und Gott ist auch ein Mannschaftstrainer: Er fördert nicht nur mich allein, sondern mein Zusammenspiel mit meinen „Mitspielern" im Leben.

Unser himmlischer Trainer kennt dich und mich besser als jeder andere. Er kennt unsere Stärken und Schwächen, unsere Siege und Niederlagen und hat uns die Begeisterung für den Fußball geschenkt.

Jesus, der unseren himmlischen Trainer und Vater kannte wie kein Zweiter, sagte einmal: Kein unvollkommener, menschlicher Vater gibt seinem Kind, das ihn um ein Ei bittet, stattdessen einen Skorpion. Der vollkommene Vater erst recht nicht (Lk 11,12). Und auch als Trainer ist Gott jedem menschlichen Trainer tausendfach überlegen.

Egal, ob du dich gerade auf dem Höhepunkt deiner Karriere (sei es im Sport oder sonst im Leben) oder in einer schwierigen Phase befindest: Gott sieht in dir nicht, was du jetzt gerade leistest – er sieht in dir den Menschen, den er aus dir machen will. Er setzt auf dich

> *„Am Montag nehme ich mir vor, zur nächsten Partie zehn Spieler auszuwechseln. Am Dienstag sind es sieben oder acht, am Donnerstag noch vier Spieler. Wenn es dann Samstag wird, stelle ich fest, dass ich doch wieder dieselben elf Scheißkerle einsetzen muss wie in der Vorwoche."*
>
> JOHN TOSHACK, TRAINER

– unabhängig von deinen Leistungen oder deinem Status. Du kannst dich auf seinen Beistand verlassen, selbst wenn du dich im „Gefängnis" der Herausforderungen befindest oder der „Streber" in deinem Streben nach Perfektion bist oder der „Goalgetter" und „Matchwinner", der das Spiel entscheidet.

Wenn du dich also das nächste Mal auf dem Platz befindest oder dich den Herausforderungen im Spiel des Lebens stellst, denke daran: Du hast den besten Trainer an deiner Seite – Gott, deinen himmlischen Vater.

DANIEL MANNWEILER

Ist unter euch ein Vater, der seinem Kind einen Skorpion geben würde, wenn es ihn um ein Ei bittet? Wie viel mehr wird dann der Vater im Himmel denen den Heiligen Geist geben, die ihn darum bitten.

aus LUKAS 11,11-13

Daniel Mannweiler ist erfolgreicher Triathlet, mehrfacher Teilnehmer beim Ironman auf Hawaii, Bronzemedaillengewinner bei der Duathlon-WM 2023 und seit 2022 Gesamtleiter von SRS e.V.

COLIN BELL

Trainer der Frauen-Nationalmannschaft von Südkorea

Lieblingsposition: Außenverteidiger oder zentrales Mittelfeld

Colin Bell hat in seiner aktiven Zeit lange Zeit in Deutschland gespielt. Vor seiner Zeit als Trainer in der Frauen-Bundesliga bei Neuenahr-Ahrweiler war er hauptamtlich für SRS tätig, für die er weiterhin als Botschafter der Werteoffensive ehrenamtlich aktiv ist. Aktuell ist er Trainer der Frauen-Nationalmannschaft von Südkorea, mit der er durch das Unentschieden gegen die deutsche Mannschaft für Aufmerksamkeit sorgte.

Was ist dein Lieblingsverein? Seit 1968 ist das Manchester City.

Wer ist dein sportliches Vorbild und warum? Mein Vorbild war immer mein Namensvetter Colin Bell, Spieler bei Man. City and England. Weil er immer 100 % Einsatz gezeigt hat und charakterlich sehr bescheiden geblieben ist. Leider ist er 2021 gestorben.

Was möchtest du sportlich erreichen? Ich möchte gerne einen Titel gewinnen und nochmals bei einer WM dabei sein.

Was war deine schwerste Verletzung? Meine schwerste Verletzung hatte ich, als ich 16 Jahre alt war. Ein Muskel im hinteren Oberschenkel war gerissen, und ich musste fast ein Jahr pausieren.

Was war das schönste Lob, das du erhalten hast? Das Lob von einem ehemaligen Spieler, „Colin, du warst immer für mich da, egal was war."

Was ist deine Lieblings-Bibelstelle? „Darum lebe nicht mehr ich, sondern Christus lebt in mir! Mein vergängliches Leben auf dieser Erde lebe ich im Glauben an Jesus Christus, den Sohn Gottes, der mich geliebt und sein Leben für mich gegeben hat." (Galater 2,20)

Warum ist dir der christliche Glaube wichtig? Nichts ist wichtiger als meine Beziehung zur Jesus. Obwohl ich seine Gnade nicht verdient habe. Obwohl ich immer wieder hinfalle und Jesus dann frage: „Was willst du eigentlich mit jemandem wie mir?" Dennoch bleibt er treu, liebevoll und geduldig.

DIE MANNSCHAFT

Einwechselspieler

Joker bei Bedarf

18 Jahre ist es her. WM im eigenen Land. Unzählbar viele Erinnerungen an die Spiele, Stimmung, Public Viewings und die Mannschaft. Aber wer war da eigentlich alles im Kader? Klar, da war der Capitano: Ballack. Und Klose. Klose war ja schließlich immer dabei. Aber danach wird es schon etwas dünn. Doch an zwei Spieler erinnert man sich bestimmt: David Odonkor und Oliver Neuville. Einfach unvergesslich ihre Szene: Ein-

gewechselt (64. Min. Odonkor, 71. Min. Neuville) flankt Odonkor in der 90. Spielminute von rechts außen rein und Neuville vollendet in der Mitte zum erlösenden Siegtreffer über Polen. Odonkor und Neuville, zwei Einwechselspieler.

Und natürlich das WM-Finale 2014: Der erst in der 88. Minute eingewechselte Mario Götze schießt in der Nachspielzeit das entscheidende Tor zum 1:0 Endstand.

Auch wenn jeder weiß, dass die Fußballweisheit „11 Freunde müsst ihr sein" (Sepp Herberger) im modernen Fußball schon lange auf mindestens 16 Freunde erweitert werden muss, ist die Rolle des Ersatzspielers immer noch klar: Wenn Not am Mann ist, dann sind sie da, um reagieren zu können. Wenn der Matchplan nicht aufgeht, dann kann man mit ihnen an ein paar Stellschrauben drehen. Wenn irgendwie das Ergebnis über die Zeit gerettet werden muss, springen sie in die Bresche. Ganz nett, aber auch frustrierend. Odonkor und Neuville haben nach ihrem glorreichen Einsatz wieder eher eine Nebenrolle bei der WM gespielt.

Ich habe das Gefühl, dass wir Menschen Gott in unserem Leben auch häufig die Rolle des Einwechselspielers geben. Wenn die Not groß ist, geht mal ein Stoßgebet raus. Wenn man selbst nicht weiterweiß oder der Matchplan für das eigene Leben nicht aufgeht, wendet man sich an Gott in der Hoffnung, dass er vielleicht noch das Ruder rumreißt. Wenn die Kacke dampft, soll er in die Bresche springen und löschen. Aber im Alltag? In der Lebensplanung? Ist Gott im Kader? Und wenn ja, welche Rolle spielt er?

Gott will mehr sein als eine Notlösung oder

> *„Gewollt habe ich schon gemocht, aber gedurft ham se mich nicht gelassen."*
>
> LOTHAR MATTHÄUS

> *Ist Gott in meinem Leben ein Einwechselspieler, den ich bei Bedarf aktiviere?*

ein Einwechselspieler. Jesus sagt: „Ich bin das Brot des Lebens. Wer zu mir kommt, wird nie mehr hungrig sein" (Johannes 6,35). Das Brot steht für das Wesentliche. Für eine solide Grundlage. Kernig. Kräftig. Stärkend. Sättigend. Ich selbst erlebe, wie belebend und erfüllend es ist, Gott zum Mittelpunkt meines Lebens und Denkens zu machen. Meine ersten Gedanken und Ideen des Tages auf ihn zu richten und ihm mit den letzten für den Tag zu danken. Ich glaube fest, dass in einem Leben, das nach Gottes Matchplan fragt und sich für ihn öffnet, viel mehr drin ist als Ekstase über einen späten Siegtreffer.

CHRISTIAN JÜNNER

„Ich bin das Brot des Lebens. Wer zu mir kommt, wird nie mehr hungrig sein."

JOHANNES 6,35

Christian Jünner, evangelischer Pfarrer in Netphen-Deuz, steht auf echten „Malocher-Fußball" und Rot-Weiß Essen.

DIE MANNSCHAFT

Der Torwart

Besondere Kompetenz

Warum trägt eigentlich der Torwart einer Mannschaft nicht dasselbe Trikot wie seine Teamkollegen? Hat das mit Geschmacksfragen zu tun oder will er einfach nur auffallen? Die Antwort: Es hängt mit seinen Kompetenzen zusammen. Nach den Regeln der FIFA ist er der einzige Spieler im Kader, der

auch seine Hände im Spiel benutzen darf – natürlich nur im Strafraum. Und um bei dieser wichtigen Ausnahme einer Verwechslung mit den anderen Spielern vorzubeugen, ist ein deutlich unterscheidbares Trikot nicht nur gut, sondern sogar vorgeschrieben. Deshalb wird der Torwart auch gerne als die letzte Hoffnung der Mannschaft bezeichnet, weil er eben nicht nur mit den Füßen, sondern auch mit seinen Händen (!) das Match entscheidend beeinflussen kann. Die Hoffnung ruht auf seinen besonderen Möglichkeiten.

Das ist ein Zusammenhang, der auch im Glaubensleben eine wichtige Rolle spielt. So bekam z. B. Abraham, der Stammvater des Volkes Israel, im Alter von neunundneunzig Jahren das Versprechen von Gott, doch noch Vater zu werden. Weil seine Frau Sara nur neun Jahre jünger war als er, bekamen die beiden aber leichte Zweifel: „Die Gelenke knirschen, wir hören nur noch, wenn man uns anschreit, und mit dem Sex ... – vergiss es." Meinte Gott das wirklich ernst? Trotz dieser berechtigten Einwände glaubte Abraham dem, was Gott versprochen hatte, mehr als seinen Zweifeln. Zwölf Monate später erfüllte sich Gottes Versprechen und den beiden wurde tatsächlich noch ein eigenes Kind geschenkt. Von dem Moment an wussten Sara und Abraham tatsächlich, wer ihre letzte Hoffnung ist. Sie hatten am eigenen Leib erfahren, dass Gott keine leeren Versprechen macht, sondern auch die Kompetenz und Kraft hat, sie zu erfüllen. Gerade deswegen wird die Hand oder der Arm Gottes in der Bibel gerne als Bild benutzt, um seine besondere Vollmacht und Stärke zu betonen. Gott kann und darf „Handspiel"! Er kann jeden Ball halten!

> „Alles, was ich nicht halte, ist unhaltbar."
> SEPP MAIER

Gerade da, wo aus menschlicher Perspektive alles aus und vorüber zu sein scheint, wo mit „Füßen" nichts mehr zu machen wäre, kann Gott mit seiner starken Hand eingreifen. Deswegen kann er manchmal auch Dinge tun, die normalerweise nach den Gesetzen der Naturwissenschaft nicht zulässig sind (das nennt man dann Wunder). Rechne ich damit, dass es einen „himmlischen Torwart" gibt, der andere Kompetenzen hat als wir Menschen?

HARALD ORTH

„Des Arm des Herrn ist nicht zu kurz, um euch zu helfen."

JESAJA 59,1

Das legendäre Birmingham-Derby

16. September 2002. Lokalderby Birmingham City gegen Aston Villa. Die Stimmung ohnehin am Siedepunkt. Aston Villas Rechtsverteidiger Olaf Mellberg passt einen Einwurf zu seinem Torwart, Peter Enckelmann. Der Keeper meint, sein Privileg, die Hand zu gebrauchen, nicht nutzen zu müssen, und will den Ball mit dem Fuß stoppen. Der aber rollt unter seinem Fuß durch ins Tor. Bis heute diskutieren die Fans beider Mannschaften, ob er den Ball berührt hat oder nicht – ein Einwurf darf nicht direkt ins gegnerische Tor gehen, sonst gibt es eine Ecke für die gegnerische Mannschaft. Das Tor wurde aber gegeben. Heute sagt Enckelmann selbst: „Ich bin mir zu 90 Prozent sicher, dass ich den Ball nicht berührt habe, aber ich könnte nicht schwören, dass ich es nicht getan habe." Für ihn war es der schlimmste Moment seiner Karriere: „Ich habe viel einstecken müssen, und es war erschreckend, wie oft über dieses Spiel gestritten wurde. Aber ich habe begriffen, dass es nicht die Person ist, die die Leute hassen, sondern der Torwart."[1]

FELIX NMECHA

Verein:
Borussia Dortmund

Lieblingsposition:
Zentrales Mittelfeld

Felix Nmecha spielte seit seiner Jugend für Manchester City. Zur Saison 2021/22 wechselte er gemeinsam mit seinem Bruder Lukas in die Bundesliga zum VfL Wolfsburg. Seit Juli 2023 spielt er für Borussia Dortmund in der Bundesliga und Champions League. Für die deutsche Nationalmannschaft debütierte Nmecha im März 2023 und gehört zum vorläufigen aktuellen Kader für die EM 2024.

Wer ist dein sportliches Vorbild und warum? Yaya Toure (viermal Fußballer des Jahres in Afrika) und Zinedine Zidane. Als Jugendspieler, als ich noch auf dem Flügel gespielt habe, eher Ronaldo und Neymar.

Was sind deine Stärken, warum lieben dich die Fans? Die Kombination aus Kreativität und Athletik.

Was möchtest du sportlich erreichen? So viele Titel wie möglich gewinnen, aber auch in meiner Karriere mein Talent so gut wie möglich auszuschöpfen. Am meisten liegt mir am Herzen, Menschen in meinem Umfeld Gott nahezubringen.

Wenn du deine Karriere beendest, dann ... Das ist jetzt noch offen, aber auf jeden Fall möchte ich mich für das Reich Gottes engagieren.

Was war deine schwerste Verletzung? Eine Patellasehnenentzündung.

Was war das schönste Lob, das du erhalten hast? Dass ich Jesus liebe und ein großes Herz für Menschen habe.

Was ist deine Lieblings-Bibelstelle? Römer 12,2: „Passt euch nicht den Maßstäben dieser Welt an, sondern lasst euch von Gott verändern, damit euer ganzes Denken neu ausgerichtet wird."[2]

Warum ist dir der christliche Glaube wichtig? Er gibt mir Sinn und Ziel, echte Liebe und viele weitere Dinge, die in der Liebe enthalten sind.

DIE MANNSCHAFT

Abwehr

Die harten Kämpfer

Wer kämpft, kann verlieren. Aber wer nicht kämpft, hat bereits verloren. Ein klassischer Spruch, für den man sicherlich den ein oder anderen Euro ins Phrasenschwein werfen müsste. Dennoch ist etwas Wahres dran. Jedes Spiel ist ein Kampf zwischen zwei Teams, die auf den Platz gehen, um zu gewinnen. Bereit, dafür alles zu geben. Bei Kampf denke ich an harte Zweikämpfe, an Grätschen, an sich zwischen Ball und Tor schmeißen. An eine Abwehrschlacht, in der die Spieler sich zerreißen, um ihr Tor zu verteidigen.

Sind wir doch mal ehrlich: Im Fußball geht es um Tore. Im Rampenlicht stehen vor allem die offensiven Spieler. Und dann sind es doch immer wieder die Kandidaten der hinteren

„Wir wollten in Bremen kein Gegentor kassieren. Das hat auch bis zum Gegentor ganz gut geklappt."

THOMAS HÄßLER

Abteilung, die Konstanz und Sicherheit liefern. „Spiele gewinnt man in der Offensive, Titel in der Defensive." – ein weiterer Spruch, der viel Wahres hat. Es sind gerade die Abwehrspieler, die immer wieder ein starkes Fundament bieten, auf das man aufbauen und auf das man sich verlassen kann.

> *Auf welche Fundamente habe ich mein Leben gebaut?*

„Abwehrkämpfe" werden auch im echten Leben geführt: Kämpfe in oder für die Ehe, auf der Arbeit, in der Schule oder in Freundschaften. Immer wieder gibt es Herausforderungen, in denen man kämpfen muss, um zu bestehen. In Epheser 6,12 heißt es sogar, dass wir nicht gegen Menschen, sondern gegen Mächte und Gewalten des Bösen kämpfen.

Wer ist in diesen Kämpfen unsere Abwehr, also unsere Konstante, unser Fundament? Jesus erklärt, dass derjenige, der seine Worte hört und danach handelt, wie jemand ist, der sein Haus auf felsigen Grund baut. Wenn dann ein heftiger Sturm mit starkem Regen kommt, bleibt sein Haus unbeschadet (Mt 7,24). Dieser Fels, auf dem wir unser Lebenshaus bauen sollen, ist er selbst.

Jesus, der sich zwischen uns und unsere Probleme wirft, hat für uns das Böse weggegrätscht. Obwohl er es am allermeisten verdient hätte, lebte er nicht in Glamour und im Rampenlicht. Ganz im Gegenteil: Er hat sich erniedrigt und hat uns gedient. Er sagt von sich selbst: „Ich bin die Auferstehung und das Leben. Wer an mich glaubt, wird leben, auch wenn er stirbt." (Johannes 11,26)

Alle Kämpfe und Anfechtungen in unserem Leben können unser Lebenshaus nicht einreißen, wenn Jesus in der Abwehr steht. Wir werden vielleicht gefoult werden und schwierige Situationen erleben – aber wir werden das Lebensspiel nicht verlieren. Wer kämpft, kann verlieren, wer nicht kämpft, hat bereits verloren, aber wer mit Jesus Christus zusammen kämpft, hat ewig gewonnen.

GERRIT HERMSEN

„Ich bin die Auferstehung und das Leben. Wer an mich glaubt, wird leben, auch wenn er stirbt."

JOHANNES 11,26

Gerrit Hermsen hat als angehender Fußballprofi verschiedene Jugendmannschaften von Bayer Leverkusen durchlaufen. Heute ist er Mitarbeiter bei SRS e.V. und mitverantwortlich für SRS-Fußball.

EINRICO VALENTINI

Verein:
1. FC Nürnberg

Lieblingsposition:
rechter Verteidiger

Enrico Valentini begann seine Karriere 1994 im Alter von 4 Jahren beim 1. FC Nürnberg und durchlief dort sämtliche Jugendmannschaften, ehe er zur Saison 2010/11 zum VfR Aalen in die 3. Liga wechselte. Im Sommer 2012 stieg Valentini dann mit dem VfR Aalen in die 2. Bundesliga auf. Anschließend wechselte er zum Karlsruher SC und 2017 zurück zu seinem Ausbildungsverein, dem 1. FC Nürnberg. Dort entwickelte sich Valentini schnell zum absoluten Führungsspieler. 2018 stieg er mit seinem Heimatverein in die 1. Bundesliga auf.

Was ist dein Lieblingsverein? Neben dem 1. FC Nürnberg ist das Juventus Turin.

Wer ist dein sportliches Vorbild und warum? Das ist Alessandro Del Piero, seine Spielweise und sein Verhalten auf und neben dem Platz waren große Inspiration.

Was sind deine Stärken, warum lieben dich die Fans? Meine Liebe zum Verein.

Was möchtest du sportlich erreichen? Ich würde sehr gerne noch einmal mit dem Club in die 1. Bundesliga aufsteigen.

Wenn du deine Karriere beendest, dann … wird mir diese Entscheidung sehr schwerfallen.

Was war deine schwerste Verletzung? Das war ein Meniskusriss im Knie.

Was war das schönste Lob, das du erhalten hast? „Du gibst nie auf."

Was ist deine Lieblings-Bibelstelle? Bittet Gott, und er wird euch geben! Sucht, und ihr werdet finden! Klopft an, und euch wird die Tür geöffnet! (Matthäus 7,7)

Warum ist dir der christliche Glaube wichtig? Der Glaube gibt mir Halt, Kraft und Hoffnung jeden Tag. Jesus lebt!

Enrico Valentini ist Teil von „Fussball mit Vision", s. S. 78.

DIE MANNSCHAFT

Mittelfeld

Die Vorbereiter

Während die Abwehrspieler in erster Linie die Aufgabe haben, die „Null zu halten", und die Stürmer dafür zuständig sind, dass der Ball im gegnerischen Tor einschlägt, sind die zentralen Mittelfeldspieler die Verbindung zwischen Abwehr und Offensive. Sie leiten die Konter ein und lenken in langen Ballbesitzphasen das Spiel: die „Box-to-Box"-Spieler. Auch wenn sie für ihre Mannschaften sehr wichtig sind, teilen sie das Schicksal der Abwehrspieler: Im Vergleich zu den Stürmern, die mit ihren Toren glänzen, stehen sie nur bedingt im Mittelpunkt. Sie setzen die Stars mit ihren klugen Pässen in Szene und reiben sich in der Arbeit gegen den Ball für das Team auf. Ihnen ist es nicht so wichtig, als Einzelspieler zu glänzen, sondern sich in den Dienst der Mannschaft zu stellen.

Wie sieht es in meinem Herzen aus? Möchte ich der Star sein? Dreht sich in meinem Leben alles nur um mich? Oder habe ich, wie Mittelfeldspieler im Fußball, auch den Blick für meine Mitmenschen? Wenn wir ehrlich sind, drehen wir uns alle leider viel zu oft um uns selbst und denken, wir wären das Zentrum des Universums. Wir streben nach Erfolg, Anerkennung und Ruhm und vergessen dabei, dass wir darin keine bleibende Erfüllung finden können.

> *Bin ich im Leben ein Einzelkämpfer oder ein Mittelfeldspieler, der anderen Pässe zuspielt?*

Doch es gibt einen, der uns gezeigt hat, wie ein selbstloses, wahres Leben aussieht – Jesus. Er war Gottes Sohn, war schon von Grundlegung der Welt an bei seinem Vater. Er hat sich selbst erniedrigt, indem er als Mensch auf diese Welt gekommen ist. Und warum? Aus Liebe! Er kam, um uns Menschen zu dienen, nicht um Ruhm und Anerkennung zu finden. Er starb freiwillig einen qualvollen Tod am Kreuz, damit

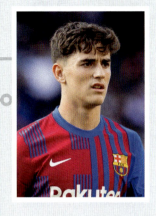

du und ich durch den Glauben an ihn ewiges Leben empfangen können. Er wusste, dass dies der einzige Weg war, um uns Menschen wieder mit Gott zu versöhnen.

Jesus hat uns erlöst – und er möchte uns zeigen, was es heißt, anderen Menschen zu dienen, anstatt nur nach der eigenen Ehre zu suchen. Er möchte uns gebrauchen, um in unserem Umfeld durch uns zu wirken – als Mittelfeldspieler, die sich mit ihren Fähigkeiten in den Dienst der Mannschaft stellen. Mit Sicherheit wird der Europameister 2024 einige von ihnen in den Reihen haben. Mittelfeldspieler sind Gold wert – ein Leben mit Jesus, das anderen zuspielt und sich für andere einsetzt, ist es auch.

CHRISTIAN DERFLINGER

Jesus über sich selbst: „Denn auch der Menschensohn ist nicht gekommen, um sich dienen zu lassen, sondern um zu dienen und sein Leben als Lösegeld für viele hinzugeben."

MARKUS 10,45

Christian Derflinger ist österreichischer Mittelfeldspieler. Ausgebildet in der Akademie des FC Bayern München, spielte er u. a. für die SpVgg Fürth.

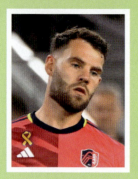

EDUARD LÖWEN

10

Verein:
St. Louis City SC (USA)

Lieblingsposition:
zentrales Mittelfeld

Eduard Löwen stieg 2018 mit Nürnberg in die 1. Bundesliga auf. In der höchsten deutschen Spielklasse erzielte Edu am 23. Februar 2019 gegen Fortuna Düsseldorf sein erstes Tor. Nach dem Abstieg des 1. FC Nürnberg im Sommer 2019 wechselte er zu Hertha BSC Berlin. Nach zwei Leihen beim FC Augsburg und VfL Bochum wechselte Löwen im Sommer 2022 zu St. Louis City in die USA.

Was ist dein Lieblingsverein? Das sind zwei: der 1. FC Nürnberg und Real Madrid.

Wer ist dein sportliches Vorbild und warum? Das ist Zinedine Zidane, weil er einfach ein kompletter Spieler war, beidfüßig, technisch stark, Übersicht – einfach alles.

Was möchtest du sportlich erreichen? Ich würde gerne in diesem Jahr mit St. Louis die Meisterschaft, den MLS Cup, gewinnen.

Was war deine schwerste Verletzung? Das war ein Teilabriss des Innenbandes im Knie und ich war ca. sieben Wochen verletzt.

Was war das schönste Lob, das du erhalten hast? Dass man sieht, dass meine Identität nicht im Fußball liegt, sondern in Jesus.

Was ist deine Lieblings-Bibelstelle? Das sind einige, z. B. 1.Korinther 15,10: „Alles, was ich jetzt bin, bin ich allein durch Gottes Gnade."

Welchen Menschen möchtest du danken? An erster Stelle meiner Frau Ilona, die in meinen Tiefen mehr gelitten hat als ich selbst, und sich über jedes Hoch mehr für mich gefreut hat als ich selbst. Und noch viel wichtiger: die mich näher zu Jesus bringt und mich immer über ihre Bedürfnisse stellt!

Warum ist dir der christliche Glaube wichtig? Jesus ist alles für mich. Er starb den Tod, den ich wegen meiner Sünde verdient hätte.

Eduard Löwen ist Teil von
„Fussball mit Vision", s. S. 78

DIE MANNSCHAFT

Der Sturm

Die großen Stars

Bei den vergangenen Wahlen zum Weltfußballer wurden fast ausschließlich Stürmer gewählt. Spektakuläre Höhepunkte, der erlösende Siegtreffer – dafür sind die Stürmer zuständig. Von Fans und Medien bejubelt, sind die Stürmer die herausragenden Helden.

In der Bibel finden wir viele Geschichten von Menschen, die in ihrer jeweiligen Rolle herausragten. Zum Beispiel David: Hirtenjunge, später König von Israel. Vorher aber musste er viele Herausforderungen meistern. Die größte von ihnen: der Kampf gegen den Riesen Goliat. Mutig und im Vertrauen auf Gott tritt David gegen Goliat an. David ist der Stürmer in dieser Geschichte, der die entscheidenden Tore erzielte und dadurch seiner Mannschaft zum Sieg verhalf.

Lehrerin: „Nenne mir drei berühmte Männer, die mit B beginnen."

Schüler: „Boateng, Ballack, Beckenbauer!"

Lehrerin: „Hast du noch nie etwas von Bach, Brecht oder Brahms gehört?"

Schüler: „Ersatzspieler interessieren mich nicht!"

Auch Jesus Christus selbst könnte man nicht nur mit den Abwehr- oder Mittelfeldspielern vergleichen, sondern auch mit den Stürmern. Er kam auf die Erde, um die größte Herausforderung aller Zeiten zu meistern:

den Kampf gegen die Sünde und den Tod. Jesus war derjenige, der das entscheidende Tor erzielte, indem er am Kreuz für unsere Sünden starb und uns dadurch die Möglichkeit gab, ewiges Leben zu erlangen. Diese spielentscheidende Aktion stellt ihn zu Recht ins Rampenlicht. Er ist der wahre Hoffnungsträger, der seinem Team den Sieg bringt. Der Star der Mannschaft, auf den alle Augen gerichtet sind – allerdings ganz anders als sonst üblich: Er wurde Star, indem er sich selbst hingab und erniedrigte.

Wie gehe ich mit der Anerkennung von anderen Menschen um?

Einem erfolgreichen Stürmer eifern viele Menschen nach. Die Kinder versuchen Tricks und Torjubel nachzumachen. Sie setzen ihre Hoffnung für ein erfolgreiches Spiel auf ihren Star. Im Leben gibt es nur einen perfekten Stürmer: Jesus. Wenn du deine Hoffnung auf ihn setzt, wirst du nicht enttäuscht. Du darfst in seinem Team spielen, mit ihm durchs Leben gehen und durch ihn dein Leben erfolgreich beenden. Ihm kannst du mit Zuversicht und Freude nacheifern und von Herzen zujubeln.

Bei Gott spielt jeder von uns eine wichtige Rolle. Jeder kann auf seine eigene Weise dazu beitragen, Gottes Reich zu bauen. Aber zum Glück muss nicht jeder ein Stürmer sein. Wir können von Jesu Vorbild lernen, dass wir demütig bleiben, auch wenn wir in unserer Rolle erfolgreich sind. Stürmer mögen im Rampenlicht stehen, aber sie sind auf die Unterstützung ihrer Mannschaft angewiesen, um erfolgreich zu sein. Genauso sind Christen Mannschaftsspieler und auf die Unterstützung ihrer Glaubensgeschwister angewiesen. Doch wer Jesus im Team hat, wird am Ende des Lebens siegreich sein. Denn er bringt den Sieg für alle, die ihr Vertrauen auf ihn setzen.

MANUEL BÜHLER

*Durch Jesus Christus, unseren Herrn,
schenkt Gott uns den Sieg!*

1. KORINTHER 15,57

Manuel Bühler ist ehemaliger Fußballprofi. Er spielte u.a. für 1860 München und den 1.FC Nürnberg und ist hauptamtlicher Mitarbeiter bei SRS e.V. Er leitet den Verein „Fussball mit Vision", in dem sich auch einige Bundesligaspieler engagieren.

Topstars im Fußball

Der erfolgreichste aktive Fußballer war, nach Titeln gemessen, Ende 2023 mit 42 Titeln der Brasilianer Dani Alves: drei Champions-League und zwei Copá-Amerika Gewinne, Olympiasieg, Meisterschaften in Spanien, Italien und Frankreich,

… Mit nur einem Titel weniger gefolgt von Lionel Messi. Fragt man nach persönlichen Auszeichnungen, dann läge Messi vorne – achtmal „Ballon d'Or" Weltfußballer des Jahres, 7-mal FIFA-Weltfußballer des Jahres, bester Spieler der Weltmeisterschaften von 2014 und 2022 usw. Der teuerste Fußballer war Ende 2023 mit einem Marktwert von 180 Millionen Euro Kylian Mbappé (Paris Saint-Germain). Als erfolgreichster Fußballer aller Zeiten wird häufig immer noch Pelé genannt – mit drei Weltmeistertiteln und über 1000 Toren. Würde man nach dem beliebtesten Fußballer aller Zeiten fragen, wäre die Sache deutlich subjektiver: Pelé? Maradona? Beckenbauer? Ronaldo? Messi? Erfolg kann man also mit ganz unterschiedlichen Kriterien messen, und wer der persönliche Fußball-Held ist, muss ohnehin jeder selbst entscheiden.

DIE MANNSCHAFT

Die Fans

Die Treuen

Für viele war es der erste Moment, der alles entschieden hat. Das erste Mal die Treppen eines Stadions hinauf. Das erste Mal eine tobende Fankurve sehen: Tausende Menschen hüpfen, singen und feuern ihre Mannschaft an. Faszination pur. Da wollten sie dabei sein. Und von da an ging's los: Keine Kosten, Urlaubstage und Mühen wurden mehr gescheut. Ob Abstiegskampf oder Champions League: „Olé olé ola, wir sind immer für dich da …".

Ähnlich ging es vor knapp 2000 Jahren auch einem Mann namens Johannes. Er war ebenfalls fasziniert von dem, was er gesehen hat. Da wollte er dabei sein. Wie ein „Stadion-Erlebnis" war es, als er zum ersten Mal gesehen hat, wie sehr der mächtige Gott einen Menschen lieben kann: Voller Staunen sagt er: *„Seht doch, wie groß die Liebe ist, die uns der Vater erwiesen hat: Kinder Gottes dürfen wir uns nennen" (1Joh 3,1)*.

Der Moment, als bei ihm der Funke übersprang, war allerdings ungewöhnlich: Sein Idol starb am Kreuz! (Vgl.

1Joh 4,7) . In diesem Augenblick erkannte Johannes Gottes Leidenschaft: Gott scheute nicht nur alle Kosten und Mühen – im Stile eines Ultras. Jesus Christus war sogar bereit, selbst zu leiden und sogar zu sterben.

Und dabei passierte etwas Faszinierendes: Als Jesus gestorben ist, wurde alles aus dem Weg geräumt, was in unserem Leben nicht zu Gott passt. Selbst Fehler, die unverzeihlich erscheinen, und Dinge, die wir nicht gut machen. Und als Johannes das erkannt hat, steht er da – wie ein kleiner Junge beim ersten Stadionbesuch und weist auf Gott hin: „Schaut euch diese Liebe an!"

Diese Liebe hat Gott auch für mich. Noch mehr als Fans es für ihren Verein je sein könnten, ist Gott für mich da. Der große und mächtige Gott, der die Welt erschaffen hat, hüpft vor Freude und schwenkt seine Fahnen, wenn er mich sieht. „Olé olé ola, ich bin immer für dich da …" ist auch sein Motto (vgl. Matthäus 28,20).

Und daran hält er sich: Ob in meinem Leben gerade Champions League oder Abstiegskampf angesagt ist. Wie eine lautstarke Fankurve feuert er mich an. Und sogar noch mehr: Er hält mir die Treue mit allem, was er hat.

PHILIPP KUTTLER

Philipp Kuttler, Pfarrer der Evangelischen Kirche in Württemberg (Kleinglattbach). Immer wenn der VfB-Stuttgart sonntags spielt, fallen seine Predigten kurz aus. Denn dann geht es von der Kanzel gleich in die Cannstatter Kurve.

Challenge: Überleg einmal, wie sehr eine Fankurve eine Mannschaft beflügeln kann. Und dann denk drüber nach: Wie sehr könnte dich es beflügeln, wenn du Gott als deinen treuesten Fan auf deiner Seite hättest?

Fan über den Tod hinaus

Eine Totenfeier für einen Fan während eines Erstligaspiels gab es 2011 in Kolumbien: Cútuta Deportivo empfängt den FC Envigado. In der zweiten Halbzeit erstürmen plötzlich rund 200 Ultras die Tribüne. Eingewickelt in ein Tuch in der Vereinsfarbe tragen sie einen Sarg. Dass dieser Ultra-Verein der Cúcutas Stadionverbot hatte, hielt sie nicht davon ab, durch ein offenes Tor ins Stadion zu drängen. „Alex ist tot, dort drinnen lebt er weiter", skandieren sie. Der tote 17-jährige Teenager war zuvor bei einem Straßenkampf von vier Kugeln getroffen worden. Seine Mutter hatte der Aktion zugestimmt, weil ihr Sohn sich das gewünscht habe. Nach dem Schlusspfiff zieht der Trauerzug wieder nach Hause, und der Teenager wird am nächsten Tag beerdigt.[3] Von einem ähnlichen Einsatz für einen allerdings noch lebenden Freund berichten die biblischen Evangelien: Jesus predigt gerade, als plötzlich das Dach abgedeckt wird und 4 Freunde ihren gelähmten Kameraden auf einem Tuch herablassen, damit Jesus ihn heilen soll – was er dann auch tat (vgl. Mk 2,1-12).

JOHANNES REICHERT

Verein:
SSV ULM 1846

Lieblingsposition:
Innenverteidiger

ist am 02.07.1991 geboren und begann bereits mit 5 Jahren bei seinem Heimatverein SSV Ulm 1846 Fußball zu spielen. In Ulm durchlief er von den Bambinis bis zur A-Jugend alle Nachwuchsmannschaften. Mit 18 Jahren stand er das erste Mal für die Profimannschaft des SSV Ulm in der Regionalliga auf dem Platz, wo Jo mittlerweile über 300 Spiele absolvierte. 2018 erlebte er seinen sportlichen Höhepunkt, als er mit dem SSV im DFB Pokal gegen den damaligen Titelverteidiger Eintracht Frankfurt einen sensationellen Sieg feierte.

Was ist dein Lieblingsverein? Das ist tatsächlich der SSV ULM 1846.

Wer ist dein sportliches Vorbild und warum? Sergio Ramos, weil er für mich der beste Abwehrspieler meiner Generation ist.

Was sind deine Stärken, warum lieben dich die Fans? Das sind meine Mentalität und Einsatzbereitschaft, immer alles zu geben.

Was war deine schwerste Verletzung? Das war wohl ein Jochbein-Bogenbruch.

Was war das schönste Lob, das du erhalten hast? Als jemand sagte: „Du bist die größte Legende unserer Vereinsgeschichte".

Was ist deine Lieblings-Bibelstelle? „Denn Gott hat die Menschen so sehr geliebt, dass er seinen einzigen Sohn für sie hergab. Jeder, der an ihn glaubt, wird nicht zugrunde gehen, sondern das ewige Leben haben." (Johannes 3,16)

Warum ist dir der christliche Glaube wichtig? Ohne meinen Glauben wäre mein Leben sinn- und hoffnungslos. Ich glaube, dass Jesus Christus für meine Schuld am Kreuz gestorben ist und mich dadurch gerecht gemacht hat vor Gott.

Johannes Reichert ist Teil von „Fussball mit Vision", s. S. 78

DIE MANNSCHAFT

Der Schiedsrichter

Der Gerechte

Was hab' ich mich manchmal aufgeregt: wieder völlige Fehlentscheidung! Zumindest aus meiner Sicht als Stürmer. Das war doch niemals Abseits! Ich hätte den Siegtreffer geschossen und wäre der Matchwinner gewesen, aber der Schiri hat es vermasselt. Die Welt ist ungerecht! Aber hatte ich den richtigen Blickwinkel? Konnte ich das überhaupt beurteilen? War vielleicht mein eigener Wunsch Vater des Gedankens?

Heute geht es mir am Fernseher oft ähnlich: Meine Einschätzung der Situation hat sich spätestens nach mehreren Zeitlupen komplett geändert und ich bin froh, dass eine neutrale Person die Entscheidung nach bestem Wissen und Gewissen trifft. Super, dass es einen Schiedsrichter gibt – und doch hat er oft den undankbarsten Job. Manchmal braucht er sogar extra Bodyguards, die ihn nach dem Spiel aus dem Stadion hinaus begleiten.

> *Von wem lässt du dich an die Regeln des Lebens erinnern? Vielleicht sogar dann, wenn es dir im ersten Augenblick nicht passt? Wer darf dich kritisieren und dich auf einen besseren Weg hinweisen? Und wo in deinem Leben würdest du dir einen gerechten und unparteiischen Schiedsrichter wünschen?*

100 % Gerechtigkeit gibt es wohl kaum, zumindest nicht im Fußball. Und es gibt wohl keinen Schiedsrichter und keinen Menschen auf dieser Erde, der immer komplett gerecht handelt, immer alles richtig macht, nie einen Fehler begeht, immer und allen gegenüber gerecht ist. Als Vater von vier Kindern war es immer mein Wunsch, sie alle gerecht zu behandeln – gelungen ist es mir oft genug eben nicht.

Doch, es gab einen Menschen, der total gerecht war, immer gerecht handelte. Vor 2000 Jahren. Jesus Christus. Kein einziges Fehlverhalten konnte man bei ihm feststellen. Kein falsches Wort. Keine unüberlegte Handlung. Noch nicht einmal ein böser Gedanke. Und immer gerecht zu allen und jedermann. Und durch sein Leben, sein Sterben und seine Auferstehung ist etwas Entscheidendes passiert: Wir können total gerecht sein!

Weil Jesus selbst keine Fehler machte, keine Schuld an irgendetwas hatte, konnte er die Schuld aller Menschen stellvertretend tragen und sich dafür sogar kreuzigen lassen. Genau deswegen dürfen wir bei Gott komplett gerecht dastehen, obwohl wir es selbst nicht sind.

Sich sogar von Gott selbst vergeben zu lassen – was für eine Perspektive, was für eine Möglichkeit, mit eigenen Fehlern und Schuld umzugehen. Und was für eine Chance für unser ganzes Leben und weit darüber hinaus.

HANS-GÜNTHER SCHMIDTS

„Keiner ist gerecht, auch nicht einer. […] Gott hat seine Gerechtigkeit unter Beweis gestellt und er hat gezeigt, dass er gerecht ist, wenn er den für gerecht erklärt, der sein ganzes Vertrauen auf Jesus setzt."

RÖMER 3,10.26

Hans-Günter Schmidts spielte acht Jahr als Stürmer in Altenkirchen in der Kreisklasse. 20 Jahre lang war er Gesamtleiter von SRS e.V. und begleitete in dieser Funktion mehrere Fußballprofis.

Rote Karte für einen Papagei

Jedes Mal, wenn Schiedsrichter Gary Bailey pfiff, ertönte von der anderen Seite des Spielfeldes ein identischer Pfiff und verwirrte alle Spieler und Zuschauer so sehr, dass das Spiel unterbrochen werden musste. Nach intensiver Suche fand man heraus, dass im Haus neben dem Spielfeld ein Papagei namens Me-Tu am geöffneten Fenster saß und sich einen Spaß daraus machte, den Referee zu imitieren. Da Me-Tu trotz deutlicher Ermahnung nicht damit aufhören wollte, zeigte Schiedsrichter Bailey ihm schließlich die Rote Karte und gab seiner Besitzerin den Auftrag, ihren gefiederten Freund für die nächste Stunde in den Keller zu sperren.[4]

DIE MANNSCHAFT

Der Kapitän

Ein Mann des Vertrauens

Der Kapitän der deutschen Nationalmannschaft ist eine, vielleicht die zentrale und wichtigste Position im Team. Mehr als einhundert Spieler haben diese einflussreiche Aufgabe in der deutschen Fußball-Geschichte bereits bekleidet. Sofort fallen mir legendäre und medial sehr präsente Persönlichkeiten ein: Franz Beckenbauer, Karl-Heinz Rummenigge, Oliver Kahn, Manuel Neuer. Lothar Matthäus gehört natürlich auch dazu, ebenso wie Michael Ballack und Philipp Lahm. Wir finden aber auch ganz andere Männer in der Liste der deutschen Kapitäne. Namen, die nur den wenigsten von uns einfallen, weil sie eher zurückhaltend waren und den vielen Kameras und Fernsehshows lieber aus dem Weg gingen. Bernhard Dietz war so einer. Hinzu kam, dass er mit Duisburg und Schalke mehrmals gegen den Abstieg kämpfte, was auch nicht so gerne im

Fernsehen präsentiert wird wie der Kampf um die Meisterschaft. Dennoch genoss Bernhard Dietz das Vertrauen der damaligen Nationalelf und deren Trainer und führte sein Team zum Gewinn der Europameisterschaft im Jahr 1980.

Nach welchen Maßstäben beurteile ich meine Mitmenschen?

Vertrauen und Kompetenz haben also nicht automatisch nur die schillernden Persönlichkeiten verdient, sondern manchmal auch die zurückhaltenden. Das ist eine Tatsache, für die es bereits in der Bibel einige beeindruckende Beispiele gibt: Der große König David zum Beispiel, der in einem legendären Kampf den Riesen Goliat besiegte (vgl. S. 25), war davor ein echter Nobody. Als jüngster von sieben Brüdern musste er immer hintenanstehen. Ihm wurden nur die Aufgaben zugeteilt, die die anderen nicht mochten. Und vom Essen bekam er natürlich auch nur die Reste. Als seinem Vater gesagt wurde, dass er seine Söhne zum Königs-Casting rufen solle, zeigte dieser wie selbstverständlich nur die drei Ältesten. Das waren seine Vorzeigeathleten. Wenn, dann würde einer von ihnen der neue „Kapitän" in Israel.

Gott allerdings sah das anders. Ihn interessiert nicht so sehr die „Verpackung" eines Menschen, sondern vielmehr sein Inhalt. David war ein „Mann nach dem Herzen Gottes" (1Sam 13,14). Gegen Goliat siegte David nicht, weil er besonders klug oder stark war, sondern weil er Gott auf seiner Seite hatte. Das war keine Ausnahme, sondern die Regel: Immer wieder in der Bibel sucht Gott sich gerade die, die sich nicht so gut in der Öffentlichkeit präsentieren können, sich irgendetwas haben zuschulden kommen lassen oder wegen anderer Dinge eher im Abseits stehen. Diese Regel gilt bis heute: Bei Gott kann jeder Kapitän werden, der sich seiner Allmacht unterstellt.   HARALD ORTH

Was in dieser Welt unbedeutend und verachtet ist und was bei den Menschen nichts gilt, das hat Gott erwählt.

1. KORINTHER 1,28

14-Jähriger als Linienrichter eingesetzt

Erste argentinische Liga, Huracán gegen Chaco for Ever, 28. April 1991. Einer der Linienrichter ist nicht rechtzeitig zur Partie erschienen. Über Lautsprecher wird gebeten, dass sich doch jemand mit der nötigen Schiedsrichterlizenz melden möge. Als nichts passiert, trifft der Schiri eine ungewöhnliche Entscheidung: Er drückt die Fahne einem 14-jährigen Stadionbesucher in die Hand. Wenn der Ball die Seitenlinie überschreitet, soll er sie heben. Nach 28 Minuten wird der jugendliche Linienrichter ausgewechselt, weil der säumige Linienrichter es inzwischen zu seinem Arbeitsplatz geschafft hat. Sein jugendlicher Stellvertreter, obwohl Fan von Huracán, hatte seine Aufgabe sehr gewissenhaft und unparteiisch ausgeführt.[5]

DAS TURNIER

Vorbereitung

Das Ziel im Blick haben

Die Schweißperlen tropfen von der Nase. Es ist Sommer. Die Sonne scheint. Meine Teamkollegen links und rechts von mir keuchen. Über den Platz schallt die laute

eindringliche Stimme des Trainers: „Drei Minuten Pause und dann starten wir den nächsten Intervalllauf". Ich schaue in die Gesichter meiner Teamkollegen: Sie verdrehen die Augen, versuchen irgendwie Haltung zu bewahren, greifen nach der Trinkflasche. Die Anstrengung ist uns allen deutlich anzumerken. Schließlich ist Sommer, und das heißt: Vorbereitungszeit auf die nächste Saison. In der Vorbereitung werden verschiedene Ziele in den Blick genommen: Jeder Spieler möchte zum Saisonstart zur Startelf gehören und als Mannschaft fokussieren wir uns auf das Saisonziel: Klassenerhalt.

Über Jesus wird berichtet, dass er sich ebenfalls Zeiten der Vorbereitung genommen hat.

> *„Es ist wichtig, dass die Spieler 90 Minuten mit voller Konzentration an die nächste Partie denken."*
>
> **LOTHAR MATTHÄUS**

Bevor er öffentlich auftrat, verbrachte er 40 Tage in der Wüste. In dieser Zeit durchlief er ein individuelles Vorbereitungsprogramm, das ihn fit machte für die Herausforderungen seines Wirkens. Es war eine besondere Zeit. Immerhin war er 1:1 mit dem Trainer unterwegs. Auch wenn Jesus an die Schmerzgrenzen gebracht wurde, ist er gestärkt aus dieser Zeit hervorgegangen. Es wird berichtet: *„Erfüllt mit der Kraft des Geistes, kehrte Jesus nach Galiläa zurück" (Lk 4,14).* Gestärkt und das Ziel fokussiert: Er wollte Zerbrochenes wieder zusammenführen und Krankes heilen.

Im Saisonverlauf ist es eine Genugtuung zu erleben, dass die Beine in der 80. Spielminute fitter sind als die

> *Worauf möchte ich mich fokussieren und vorbereiten? Was bin ich bereit, dafür einzusetzen?*

des Gegners. Noch schöner ist es, drei Spiele vor Saisonende als Team auf dem Platz zu feiern, weil das große Ziel „Klassenerhalt" erreicht wurde. Die Gesichter ebenso schweißüberströmt wie in der Vorbereitung, aber der Ausdruck ist ein ganz anderer. Schweiß und Tränen des Sommers hatten sich allemal gelohnt.

Jesus ließ seinem ausgerufenen Ziel Taten folgen. Lahme konnten gehen, weil er sie geheilt hatte. Blinde konnten sehen, weil er ihre Augen berührte. Sogar Tote wurden lebendig, weil er es ihnen befohlen hatte. Hoffnungslose schöpften Hoffnung in den Worten, die er zu ihnen redete. Jesus als Sohn Gottes hat aber vor allem die Wiederherstellung der zerbrochenen und erkrankten Beziehung zu Gott dem Vater in den Blick genommen. Die Heilung dieser Beziehung fand am Kreuz statt. Als Jesus sein Ziel erreicht hatte, war sein Gesicht von Blut und Schweiß überströmt. Mit seinem letzten Atemzug rief er aus: „Es ist vollbracht."

DANIEL SCHEUERMANN

Daniel Scheuermann ist Theologe und würde sich freuen, wenn Kirche genauso interkulturell wäre wie der Fußball. Wie das funktionieren kann, erforscht er in einem Dissertationsprojekt und ist außerdem nach einer langen Karriere im Amateurfußball auf die Laufstrecke gewechselt.

DAS TURNIER

Die Spielerauswahl

Die große Enttäuschung?

Kurz vor dem Turnier wählen die Nationaltrainer ihren endgültigen Kader. Die 23 Nominierten sind dabei und starten motiviert in die Vorbereitung. Aber wie geht es denen, die sich berechtigte Hoffnungen gemacht hatten – und nun zu Hause bleiben – oder aber auf der Ersatzbank bleiben müssen?

Mein Vater saß im Stadion und Freunde waren extra angereist, um bei meinem ersten Einsatz in der Oberliga dabei zu sein. Der Stammtorhüter meiner Mannschaft war schon länger verletzungsbedingt ausgefallen. Im Abschlusstraining hatte sich auch der Ersatztorwart folgenschwer am Knie verletzt. Als 18-jähriger Nachwuchskeeper hatte ich die ganze Saison regelmäßig und hart trainiert. Das war meine Chance! Vor heimischem Publikum zeigen, was ich kann! Ich war bereit und fieberte auf meinen ersten Liga-Einsatz hin. In der Kabine begegnete ich dem Torhüter unserer zweiten Mannschaft. Ein Ersatz-

torhüter ist wichtig, falls ich mich im Spiel verletzen sollte. Dachte ich. Bis der Trainer die Aufstellung auf dem Flipchart notierte. „Thomas" stand dort

neben der Nummer 1 und mein Name fand sich auf der Ersatzbank wieder. Vor den Augen meiner Freunde und Familie musste ich am Rand Platz nehmen. Fragende Blicke. Schulterzucken.

> *„Der Trainer hatte nach den ganzen Ausfällen im Angriff nur noch die Wahl zwischen mir und dem Busfahrer. Da der Busfahrer seine Schuhe nicht dabeihatte, habe ich gespielt."*
> JAN-AAGE FJÖRTOFT, EINTRACHT FRANKFURT

Übersehen und nicht beachtet zu werden, ist schmerzhaft. Ich weinte aus Enttäuschung. Dann regte ich mich über den Trainer auf. Und als die Emotionen verflogen waren, dachte ich lange Zeit schlecht über mich selbst: „Ich bin einfach zu schlecht, um berücksichtigt zu werden." Manche bringen die Kraft auf, sich dagegen aufzubäumen, um das Gegenteil unter Beweis zu stellen. Ich habe mich von dieser Enttäuschung nie erholt. Mir fehlte fortan die Motivation, alles im Training zu geben. Berechtigterweise verlor ich meinen Kaderplatz und spielte seitdem nur noch niederklassigen Fußball.

Du bist nicht nur einer von 8 Milliarden Menschen auf diesem Planeten. Du bist in den Augen Gottes etwas ganz Besonderes. Auch wenn du von Trainern, Freunden, Kollegen, Lehrern aussortiert wirst – für Gott spielst du immer eine wesentliche Rolle. Jesus überbringt dir eine bahnbrechende Botschaft von Gott höchstpersönlich: *„Wer zu mir kommt, den werde ich nicht hinauswerfen"* (Johannes 6,37). Gott lädt jeden von uns 8 Milliarden Menschen durch Jesus persönlich ein. Du bist keine Ausnahme: Du bist nominiert. Diese Nominierung gibt dir unvergänglichen Wert.

ALEX ZÖLLER

Nicht ihr habt mich erwählt,
sondern ich habe euch erwählt:
Ich habe euch dazu bestimmt,
zu gehen und Frucht zu tragen.

JOHANNES 15,16

Alex Zöller ist diplomierter Sportwissenschaftler, langjähriger Fußballtorwart in der Oberliga. Seit vielen Jahren ist Alex Zöller bei SRS e.V. verantwortlich für die Kinder- und Jugendarbeit, wo er einige Fußballprofis als Sportmentor begleitet.

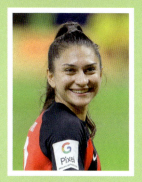

LETICIA SANTOS

Verein:
Corinthians São Paulo,
Brasilianische
Nationalmannschaft

rechte Verteidigerin

2007 startete Santos ihre Karriere. In die Bundesliga wechselte sie 2017 und seit 2019 ist sie bei Eintracht Frankfurt unter Vertrag. 2014 nahm sie für die brasilianische U20-Nationalmannschaft an der U20-WM in Kanada teil. Ihr Debüt in der A-Nationalmannschaft gab sie 2017 beim 6:0-Erfolg der Brasilianerinnen gegen Bolivien.

Was sind deine Stärken, warum lieben dich die Fans? Meine Entschlossenheit. Auch wenn ich eine kleine Athletin bin, gewinne ich dadurch Duelle gegen größere und körperlich stärkere Spielerinnen.

Was möchtest du sportlich erreichen? Die Olympischen Spiele oder die WM für Brasilien zu gewinnen.

Wenn du deine Karriere beendest, dann ... denke ich darüber nach, weiterhin im Fußball zu arbeiten, vielleicht als Sportpsychologin.

Was war das schönste Lob, das du erhalten hast? Von einer Mitspielerin: „Ich fühle Frieden neben dir."

Wer war dein Entdecker? Mein erster professioneller Trainer, als ich 15 war. Er hat in mir das Potenzial gesehen, Außenverteidigerin zu werden, und dann hat er mich dazu ausgebildet. Dadurch habe ich es letztendlich bis in die Nationalmannschaft geschafft.

Was ist deine Lieblings-Bibelstelle? „Gepriesen sei Gott, der Vater unseres Herrn Jesus Christus! In seinem großen Erbarmen hat er uns durch die Auferstehung Jesu Christi von den Toten ein neues Leben geschenkt. Wir sind von Neuem geboren und haben jetzt eine sichere Hoffnung." (1. Petrus 1,3)

Warum ist dir der christliche Glaube wichtig? Der Glaube gibt mir Kraft und Orientierung in meinem Leben.

DAS TURNIER

Das Quartier

Wenn der Teamgeist im Spieler-Quartier zum Zug kommt

Es ist eine riesige Herausforderung: Der Bundestrainer hat die Aufgabe, in kürzester Zeit aus einem Haufen von genialen Individualisten ein starkes Team zu formen. Nur so besteht die Chance, im Turnier den Sieg zu holen. Um diesen Teamgeist zu bilden, ist das richtige Quartier von entscheidender Bedeutung. Es gibt

eindrucksvolle Beispiele, die mir in Erinnerung kommen: Die Rede vom „Geist von Spiez" vor dem WM-Triumph 1954 machte die Runde. Und die legendäre Unterkunft im Campo Bahia 2014 war die Basis für das erfolgreiche Abschneiden bei der WM in Brasilien.

Im Trainingslager bildet sich der Teamgeist und die Mannschaft wird zusammengeschweißt und geformt. Der Trainer kann den Spielern sein System erklären. Das Team wird zu einer verschworenen Gemeinschaft, in der es nur um ein Ziel geht: Jeder stellt seine eigenen Interessen zurück und stellt sich in den Dienst der Mannschaft.

Kurz nach seiner Auferstehung macht Jesus übrigens etwas ganz Ähnliches: Er ruft sein Team, die verbliebenen 11 Freunde, ins Trainingslager (Apostelgeschichte 1). Dort erklärt er ihnen das Spielsystem, redet vom Teamgeist und schickt sie aufs Spielfeld. Der Teamgeist Gottes ist dabei der entscheidende Faktor. Durch ihn werden Menschen zu einem Team geformt, die eigentlich Gegner sind: Matthäus, der Zolleinnehmer und Kollaborateur der römischen Besatzungsmacht, steht gemeinsam im Team mit Simon, dem Zeloten, der ein jüdischer Freiheitskämpfer und Ex-Terrorist war. Der große Unterschied zu einem Fußballteam liegt darin: Der Teamgeist muss sich nicht entwickeln und formen, er ist bereits da! Es ist der Heilige Geist, der wahre Wunder wirkt: Durch ihn wird dieser explosive Haufen verbunden und zu einem Team geformt, das Erstaunliches bewirken kann.

Zurück zum Fußball: Am richtigen Rückzugsort entsteht mithilfe des Trainerstabs ein besonderer Spirit. Ein solcher Teamgeist kann bewirken, dass für vier Wochen Schalke-Spieler ohne nachzudenken die Fehler von Dortmundern ausputzen, füreinander rennen und sich gegenseitig motivieren und pushen. Da kann es sogar

sein, dass Bayern-Spieler und Leipziger einträchtig zusammenstehen.

Wenn Gottes Teamgeist, der Heilige Geist, bei uns einzieht, ist Erstaunliches möglich. Dann werden unterschiedliche Menschen zu einem Team und selbst Feinde können zu Freunden werden. Nicht nur für vier Wochen, sondern ein Leben lang!

KLAUS GÖTTLER

*Es gibt nicht mehr Juden und Griechen,
nicht Sklaven und Freie, nicht männlich und weiblich;
denn ihr alle seid einer in Christus Jesus.*

GALATER 3,28 [6]

Klaus Göttler ist Generalsekretär des Deutschen EC-Verbandes, Kassel. Er hat seine Aussicht auf eine Profikarriere bei der SG Reutlingen nach der E-Jugend in eine Amateurlaufbahn umgewandelt und möchte sich heute bei Fußballspielen nicht mehr aufregen, bricht aber diesen Vorsatz regelmäßig. Das WM-Finale 1990 musste er mit seiner Frau gemeinsam auf dem Standstreifen der A44 schauen, nachdem sie einen Motorschaden hatten und der Pannendienst überraschenderweise erst nach Spielende kam.

DAS TURNIER

Die Spielregeln

Fehlentscheidung oder nicht?

1966. WM-Finale. England gegen Deutschland. In der 101. Spielminute fällt das legendäre „Wembley-Tor": Geoff Hurst zieht aus kurzer Distanz ab und trifft die Unterlatte des gegnerischen Kastens. Der Ball springt senkrecht nach unten zurück ins Feld, und der Schiedsrichter gibt das Tor. 3:2! England ist Weltmeister!

Prallte der Ball wirklich von der Latte hinter die Torlinie? Diese alles entscheidende Frage ist bis heute ungeklärt – Torlinienkameras gab es noch nicht und die „Zeugen" sind nach wie vor unterschiedlicher Meinung.

Um ein faires Spiel zu gewährleisten, muss es möglichst exakte Regeln geben – und eine neutrale Instanz, die auf deren Einhaltung achtet: den Schiedsrichter. Heute gibt es den VAR (Video Assistent Referee), der in Sekundenschnelle eine Szene in Zeitlupe überprüfen kann. Trotzdem wird über scheinbare Fehlentscheidungen immer noch gerne und viel gestritten.

Auch in der Religion gibt es „Spielregeln". Jesus begegnete häufig Menschen, die mit ihm darüber diskutieren wollten. Wie oft soll man sich die Hände waschen, um als „rein" zu gelten? Was durfte man alles nicht, wenn man das Gebot der Ruhe am Sabbat einhalten wollte? Entschieden wurden solche Fragen auf der Grundlage des Alten Testaments und der 613 Regeln, die die theologischen Experten ausgearbeitet hatten, damit keine Situation im Alltag ungeklärt blieb. Als Jesus einmal wieder in eine solche Diskussion verwickelt werden sollte, antwortete er: Im Grunde kann man alle eure Ge- und Verbote in zwei kurzen Regeln zusammenfassen: „Du sollst den Herrn, deinen Gott, lieben von ganzem Herzen, mit ganzer Hingabe und mit deinem ganzen Verstand!" und „Liebe deine Mitmenschen wie dich selbst!" (Mt 22,37.39). Das saß. Bei anderer Gelegenheit hat Jesus die zweite Regel einmal so formuliert: „Behandelt eure Mitmenschen in allem so, wie ihr

> *Wie viel Gutes würde geschehen, wenn wir unseren Mitmenschen nur das zukommen lassen würden, was wir uns selbst wünschen? Wie viele böse Worte, Gedanken und Taten würden verhindert?*

selbst von ihnen behandelt werden wollt. Das ist es, was das Gesetz und die Propheten fordern." (Mt 7,12) Seitdem diskutieren viele Menschen über diesen seltsamen Schiedsrichter und seine beiden ausgefallenen Gebote. Stellen wir uns nur mal vor, was wäre, wenn wir uns alle daran halten würden.

Wir können in Sport, Schule und Beruf und bei tausend anderen Gelegenheiten über scheinbare Fehlentscheidungen schimpfen. Das bringt uns aber nicht weiter. Im Gegenteil: Es macht bitter und zerstört Beziehungen. Was uns alle sehr viel weiterbringen würde, wäre, wenn jeder von uns die beiden Liebesgebote beherzigen und umsetzen würde. Dann müssten viele der detaillierten Spielregeln des Zusammenlebens gar nicht erst zur Anwendung kommen.

HARALD ORTH

Regelwidrig

Olympiaqualifikation 1996. Venezuela gegen Ecuador. Segundo Matamba, der Verteidiger von Ecuador, legt sich den Ball auf dem Elfmeterpunkt zurecht. Matamba läuft an und knallt das Leder mit links ins Netz. Der Torhüter hat keine Chance. Torjubel! Aber nur kurz. Der Schiedsrichter gibt das Tor nämlich nicht, sondern entscheidet auf Abstoß. Was ist geschehen? Gemeinsam mit dem Ball war auch Matambas Schuh am Torhüter vorbei ins Netz geflogen. Und das ist nun mal regelwidrig.[7]

DAS TURNIER

Die Rückpassregel

Gegen langweiligen Fußball

Den Satz „Das ist nicht mehr mein Fußball" hört man Fans immer mal wieder enttäuscht seufzen. Die Gründe variieren: Mal ist es der Videoassistent (VAR), dann die Handspielregel oder die ungehemmte Kommerzialisierung im Fußball. Unabhängig davon, wie man zu diesen Themen steht, verweisen die Beschwerden auf zwei wichtige Erkenntnisse: Erstens haben offensichtlich viele Menschen eine Idee davon, wie Fußball zu sein hat. Und zweitens scheint es im Fußball Entwicklungen zu geben, die diese Idee vom Fußball gefährden.

1992 reagierte die FIFA auf solch eine Gefahr. Bei engen Spielen war es schlechte Sitte geworden, dass die führende Mannschaft den Ball regelmäßig zum eigenen Torwart zurückspielte. Der nahm den Ball sicher mit den Händen auf und so wichtige Sekunden von der Uhr. Mit Fußball im eigentlichen Sinne hatte das nicht viel zu tun. Sondern vor allem mit Langeweile. Deswegen verbot die Rückpassregel diese Form des Zeitspiels und zwang die führende Mannschaft, aktiv Fußball zu spielen.

Und was ist mit dem Satz: „Das ist nicht das Leben, wie ich es mir vorgestellt habe"? Schon mal leise so geseufzt? Denn die meisten Menschen haben erstens eine Idee davon, wie ihr Leben eigentlich sein sollte. Und zweitens nicht selten das Gefühl, dass sie irgendetwas davon abhält, genau dieses Leben tatsächlich auch zu leben. In Routinen gefangen. Beengt durch ungeschriebene Regeln, durch Erwartungen von Familie, Freunden oder der Gesellschaft. Mit Leben im eigentlichen Sinne hat das alles dann nicht mehr viel zu tun. Sondern vor allem mit Langeweile, mit Sich-Verstellen und -Verbiegen. Bräuchten wir also auch für das Leben eine neue Regel? Eine, die uns dazu zwingt, aktiv das Leben zu leben, zu dem wir gemacht sind?

> „Wenn Sie dieses Spiel atemberaubend finden, dann haben Sie's an den Bronchien."
> **MARCEL REIF**

Möglicherweise! Aber das allein wird nicht reichen. Denn die Rückpassregel konnte für viele Fans den Fußball nicht retten. Die Kommerzialisierung schritt trotzdem voran. Am VAR und an der Handspielregel scheiden sich die Geister. Und manchmal fehlen Leidenschaft und Emotionen. Echter, purer Fußball – den findet man wohl noch am ehesten in den Beziehungen zwischen Kumpels auf dem Bolzplatz.

> *Welche langweiligen Routinen beobachte ich in meinem Leben? Kann ich was dagegen tun?*

Wo aber finden wir echtes, pures Leben? Sicher nicht in neuen Regeln. Aber vielleicht in einer Beziehung, wie

Jesus Christus sie uns anbietet. Er fordert uns heraus, selbst unsere Feinde zu lieben. Er tröstet uns, wenn wir abgekämpft und völlig fertig sind. Und er trägt uns selbst dann noch, wenn das wahre Leben endgültig auf dem Spiel steht – selbst im Tod bleibt er Sieger und schenkt allen, die mit ihm unterwegs sind, ewiges Leben. Wahres Leben – ohne Langeweile!

ANDREAS SCHEUERMANN

Jesus sagt: „Ich bin gekommen, um ihnen Leben zu bringen – Leben in ganzer Fülle!"

JOHANNES 10,10

Hilfe von oben!

Über eine sehr außergewöhnliche Hilfe von oben haben sich alle diejenigen gefreut, die für das Spiel der Hollingworth Juniors gegen Stalybridge Celtic im September 1999 gebetet hatten. Danny Worthington, ein Stürmer der Celtic, feuerte einen wuchtigen Schuss in Richtung des gegnerischen Tors. Allerdings hatte er viel zu hoch angesetzt, sodass der Ball eigentlich weit über den Kasten hätte hinausfliegen müssen, wenn da nicht genau im richtigen Moment diese Möwe übers Spielfeld geflogen wäre. Der Ball traf den Vogel, wurde abgefälscht und landete im Netz der Juniors. Unglaublich! Noch unglaublicher war, dass der Schiedsrichter das regelwidrige Tor gab. Warum, das bleibt bis heute sein Geheimnis.[8]

MELANIE BEHRINGER

Ehemalig FC Bayern München, 123 A-Länderspiele für Deutschland, Chef-Trainerin der U-16 Juniorinnen beim DFB

Lieblingsposition: zentrales Mittelfeld

Melanie Behringer gelang schon in der E-Jugend eine bemerkenswerte Saison mit 66 Toren. Nach der fünften Saison mit dem SC Freiburg in der Bundesliga wechselte Behringer zum FC Bayern München, wohin sie nach den Stationen Frankfurt, Köln und Berlin wieder zurückkehrte und die deutsche Meisterschaft gewann. 2019 musste Behringer ihre erfolgreiche Karriere verletzungsbedingt beenden. Mit der Nationalmannschaft wurde sie Weltmeisterin 2007, Bronzemedaillengewinnerin bei den Olympischen Spielen in Peking und Europameisterin 2009. 2016 gewann sie mit dem deutschen Team die Goldmedaille bei den Olympischen Spielen in Rio und wurde Torschützenkönigin.

Was ist dein aktueller Lieblingsverein? Ich sympathisiere mit dem SC Freiburg.

Wer ist dein sportliches Vorbild und warum? Aufgrund der Position habe ich sehr gerne Alonso und Schweinsteiger beobachtet.

Was sind deine Stärken, warum lieben dich die Fans? Das sind meine Mentalität und Einsatzbereitschaft, immer alles zu geben.

Was möchtest du sportlich erreichen? Ich würde gerne eine erfolgreiche Trainerin sein.

Was war deine schwerste Verletzung? Das war bei mir die Knieosteotomie.

Was war das schönste Lob, das du erhalten hast? Ich sei das Herz der Mannschaft.

Was ist deine Lieblings-Bibelstelle? Meine Lieblingsbibelstellen sind zwei Psalmen aus dem Alten Testament: Psalm 23 und Psalm 91.

Warum ist dir der christliche Glaube wichtig? Der Glaube gibt mir Sicherheit. Das Vertrauen auf Gott ist sehr beruhigend.

Mehr von Melanie Behringer und weiteren christlichen Fußballern gibt es bei Fussball mit Vision, vgl. S. 78

DAS TURNIER

Die Favoriten

Wenn Erwartungen unter Druck setzen

„Der Zweite ist der erste Verlierer!" Solche Sätze werden in der Regel von den Favoriten gesagt, nicht von den Außenseitern. Für sie ist alles andere als der Titelgewinn eine Enttäuschung. Und dazu erwarten die Fans nicht nur erfolgreichen, sondern natürlich auch überzeugenden und attraktiven Fußball. Dementsprechend lastet auf allen Beteiligten ab dem ersten Spiel großer Druck.

Druck ist im Sport eine zwiespältige Angelegenheit. In der richtigen Dosierung verleiht er die nötige Spannung, um Bestleistungen abrufen zu können. Wird er aber zu groß, kann er zur Versagensangst mutieren und lähmen. Denn wer Angst hat, Fehler zu machen, spielt einen Sicherheitspass, anstatt ins Dribbling zu gehen. Oder bietet sich im eigenen Ballbesitz gar nicht erst an. Läuft mit und versucht lediglich, nicht negativ aufzufallen.

Um das zu vermeiden, arbeiten viele Spitzenteams mit Sportpsychologen zusammen. Sie sollen den Athleten helfen, den Druck auf produktive Art und Weise zu kanalisieren und zu nutzen.

Nun haben allerdings nicht nur Spitzensportler mit Druck und Versagensangst zu tun, sondern wahrscheinlich die allermeisten Menschen. Die nächste Klassenarbeit, der neue Job oder die Partnerschaft. Die Chefin, die ihre Erwartungen äußert, oder der Ehemann. Die Ansprüche der eigenen Kinder stressen oder der nächste Elternsprechtag bereitet Bauchschmerzen: Wenn wir Druck empfinden, ist es wie im Sport eine zwiespältige Sache. Er kann uns entweder motivieren, unser Bestes zu geben. Oder Angst davor schüren, dass wir die Ziele unseres Lebens verpassen werden.

> „Wenn der Kopf richtig funktioniert, dann ist das wie ein drittes Bein."
>
> CHRISTOPH DAUM

Mir hilft in solchen Situationen die feste Gewissheit, dass das Ziel meines Lebens eigentlich nie auf dem Spiel steht. Egal, was ich erreiche oder worin ich versage: Dass mein Leben nicht zum Ziel kommt, ist keine Option. Denn es liegt fest gegründet in der Beziehung zu Jesus Christus. Seine Liebe kann ich mir weder verdienen noch durch Versagen und Fehler

> *Blockiert mich Druck im Leben oder setzt er Energien frei?*

aufs Spiel setzen. Durch eine Prüfung zu fallen oder die Erwartungen von Menschen, die mir wichtig sind, zu enttäuschen, ist dann immer noch schmerzhaft. Aber es stellt mich und mein Leben nicht grundsätzlich infrage. Druck kann dann eine produktive Spannung erzeugen. Aber nicht lähmen.

ANDREAS SCHEUERMANN

Mit Respekt und tiefer Ehrfurcht setzt alles daran, dass eure Rettung sich in eurem Leben voll und ganz auswirkt.

PHILIPPER 2,12

MIKAEL ISHAK

Verein: Lech Posen (Polen).
Schwedischer Nationalspieler

Lieblingsposition: Sturm

Mikael Ishak spielte seit 2010 beim schwedischen Erstligisten Assyriska FF. 2012 debütierte Ishak für den 1. FC Köln in der deutschen Bundesliga. Über Stationen in der Schweiz, Italien und Dänemark kam er 2017 zum 1. FC Nürnberg, wo er den Aufstieg in die erste Liga feierte. 2020 wechselte er in die erste polnische Liga zu Lech Posen.

Was ist dein Lieblingsverein? Real Madrid.

Wer ist dein sportliches Vorbild und warum? Christiano Ronaldo, weil er so hart arbeitet.

Was sind deine Stärken, warum lieben dich die Fans? Weil ich ein Teamplayer bin, der immer alles für das Team gibt.

Was war deine schwerste Verletzung? Ein Meniskusriss, als ich beim 1.FC Nürnberg gespielt habe.

Was war das schönste Lob, das du erhalten hast? Als ein Mannschaftskollege, der wusste, dass ich Christ bin und die Bibel lese, zu mir sagte, dass ich irgendwie anders bin, ohne eine Maske aufzusetzen, und einfach authentisch lebe. Wegen meinem Verhalten und meiner Liebe zu anderen Menschen wollte er mehr über die Bibel und Gott wissen.

Wer war dein Entdecker? Mein Trainer in Assyriska FF (Schweden), der mich von der 2. Mannschaft zu den Profis hochzog.

Was ist deine Lieblings-Bibelstelle? „Verlass dich nicht auf deinen eigenen Verstand, sondern vertraue voll und ganz dem HERRN! Denke bei jedem Schritt an ihn; er zeigt dir den richtigen Weg und krönt dein Handeln mit Erfolg." (Sprüche 3,5-6)

Warum ist dir der christliche Glaube wichtig? Dass ich gerettet bin, ohne dass ich etwas dafür getan habe. Einfach nur Gottes Geschenk angenommen zu haben durch Jesu Blut am Kreuz. Was will ich mehr!

Mehr von Mikael Ishak und weiteren christlichen Fußballern gibt es bei Fussball mit Vision, s. S. 78

DAS TURNIER

Die Underdogs

Die Außenseiterrolle als Stärke sehen

Spieler und Fans der Philadelphia Eagles liefen in den NFL-Playoffs mit Hundemasken durch die Gegend und schmückten sich deutlich sichtbar für alle Zuschauer mit dem Namen underdog. Im 19. Jahrhundert wurde damit in englischen Hundewettkämpfen der unterlegene Hund bezeichnet. Heute sind Underdogs die Spieler und Mannschaften, die schon vor dem Wettkampf als Verlierer feststehen.

Normalerweise müssen Sportler selbstbewusst und siegesgewiss auftreten, um auch durch die Körpersprache Stärke zu signalisieren. Das macht Eindruck. Doch immer wieder findet man Trainer, die die scheinbare Unterlegenheit ihrer Mannschaft ganz bewusst nutzen und damit

arbeiten. Mit dem Effekt, dass ihre Spieler dadurch härter kämpfen und über sich selbst hinausgehen. Keinen Ball verloren geben! Rennen bis zur letzten Sekunde, wie die Philadelphia Eagles im Beispiel oben. Als Außen-

Vier gegen elf und trotzdem gewonnen

Weil am 19. November 1908 ein Zug Verspätung hatte, waren die meisten Spieler des dänischen Meisters Faelledparken Boldklubben zu Spielbeginn noch unterwegs. Das Match gegen Osterbros Boldklub wurde trotzdem pünktlich angepfiffen, sodass das Team aus Faelledparken nur mit vier Spielern auflaufen konnte. Die aber kämpften mit dem Mut der Verzweiflung und ließen bis zur Pause nur vier Gegentreffer zu. In der zweiten Halbzeit war das Team wieder komplett und gewann am Ende noch mit 5:4 gegen eine völlig sprachlose Elf aus Osterbros.[9]

seiter zu gewinnen, ist ja noch tausendmal schöner und erhabener, gerade weil es keiner erwartet.

Viele Kritiker werfen der Bibel vor, ein zu negatives und entmutigendes Menschenbild zu vermitteln. Schon die Geschichte von Adam und Eva, die sich vom Bösen in Gestalt einer Schlange verführen lassen, legt doch nahe, dass der Homo sapiens eben kein vernünftiger, sondern ein ziemlich blöder Mensch ist. Im weiteren Verlauf wird er in den biblischen Büchern dann immer wieder als Sünder bezeichnet – für den später der Gottessohn, Jesus Christus, sterben muss, um die aufgehäufte Schuld zu beseitigen. Wenn wir noch nicht mal für unsere eigenen

Vergehen geradestehen können, sondern externe Hilfe brauchen, dann sieht es wohl wirklich übel aus.

Die Strategie hinter diesen ernüchternden Abschnitten der Bibel ist ähnlich dem oben genannten Underdog-Konzept. Überall entdecken wir die negativen Folgen dessen, dass nicht die gute, sondern die zerstörende Kraft siegt. Gegenüber dieser Macht sind und bleiben wir Menschen echte Underdogs, auch wenn wir es nicht wahrhaben wollen.

Das Ziel dieser Bestandsaufnahme ist aber nicht, uns zu entmutigen oder kleinzuhalten. Im Gegenteil: Gott will das „Jetzt-erst-Recht" in uns auslösen. Er will uns wachrütteln und motivieren, als Außenseiter den ungleichen Kampf aufzunehmen. Weil Christus ihn schon gewonnen hat! Er hat die Macht des Bösen ein für alle Mal besiegt. Und wie bei Jesus selbst gilt auch für uns: Die Underdogs werden die Sieger sein. Das ist und bleibt das schönste Erlebnis – gerade, weil es keiner erwartet.

HARALD ORTH

„Aber viele, die jetzt die Ersten sind,
werden dann die Letzten sein,
und viele, die jetzt die Letzten sind,
werden dann die Ersten sein."

MATTHÄUS 19,30

DAS TURNIER

Die Vorrunde

Auch nach Rückschlägen noch weiterkommen

„Aus dem Hintergrund müsste Rahn schießen. Rahn schießt. Tooooooor." Eine Sensation. Mit einem Sieg der Deutschen bei der WM 1954 hatte wirklich niemand gerechnet. Noch wenige Wochen zuvor sah die Lage ganz anders aus. Eine niedergeschlagene Mannschaft war mit hängenden Köpfen vom Feld gegangen. Im zweiten Vorrundenspiel verlor die deutsche Elf gegen den späteren Finalgegner Ungarn mit 8:3. Eine herbe Klatsche.

Die deutsche Nationalmannschaft von 54 reiht sich damit ein in eine Reihe von Mannschaften, die nach einer Niederlage in der Vorrunde das Turnier für sich entscheiden konnten – darunter unter anderem Argentinien 2022. In der Vorrunde lassen sich Niederlagen ausgleichen. Entscheidend ist ein guter Umgang mit den Rückschlägen. Der deutschen Mannschaft ist es 1954 gelungen, sich auf das nächste Spiel zu fokussieren und das letzte Gruppenspiel mit 7:3 zu gewinnen.

Das Leben bringt immer Rückschläge und Niederlagen mit sich. Dinge funktionieren nicht so, wie ich es mir vorstelle. Neben den Hoch- gibt es auch Tiefpunkte. Ich erlebe Enttäuschungen und werde dadurch entmutigt. Und ich muss einen Umgang damit finden. Was hilft mir dabei, mit Rückschlägen umzugehen? Zeit mit guten Freunden verbringen, eine Auszeit nehmen, ein Gebet sprechen. Das tut mir in solchen Momenten gut.

Die verunsicherte Nationalmannschaft von 1954 brauchte nach dem verkorksten Ungarn-Spiel wohl vor allem Zuspruch. Ich stelle mir vor, wie Trainer Sepp Herberger mit Fritz Walter, Helmut Rahn & Co. spricht und ihnen gut zuredet. Nach so einer Niederlage ist das Selbstvertrauen angeknackst. Gute Worte sind notwendig, um den Spielern neue Zuversicht zu verleihen.

Auch mir hilft ein gutes Wort und ein freundlicher Zuspruch, mit Rückschlägen umzugehen. Diesen Zuspruch finde ich in der Bibel. Gott sagt: „Fürchte dich nicht, ich stehe dir bei! Hab keine Angst, ich bin dein Gott! Ich mache dich stark, ich helfe dir, ich schütze dich mit meiner siegreichen Hand!" (Jes 41,10).[10] Wie ein guter Trainer lässt Gott uns im Moment der Niederlage nicht allein.

Vielmehr gilt gerade hier der Zuspruch, dass er bei uns ist. Gottes Versprechen gibt mir Kraft, Rückschläge zu überwinden und den Blick nach vorne zu richten.

TORBEN SCHMIDT

Fürchte dich nicht, ich stehe dir bei! Hab keine Angst, ich bin dein Gott! Ich mache dich stark, ich helfe dir, ich schütze dich mit meiner siegreichen Hand!"

JESAJA 41,10

Torben Schmidt, Theologischer Referent der Creativen Kirche in Witten, wirkt im Mittelfeld häufig omnipräsent. Das liegt einerseits an seiner Laufstärke. Und andererseits an einem besonderen Mitspieler: seinem Zwillingsbruder Timo.

Nur ein einziges Tor bei der EM

Wussten Sie schon, dass der deutschen Elf bei einer EM einmal nur ein einziges Tor gelang? Es war 2000 in Belgien und den Niederlanden. Als Mehmet Scholl in der Vorrunde zum 1:1 gegen Rumänien traf. Danach bedeuteten die Niederlagen gegen England (0:1) und Portugal (0:3) das Aus nach der Vorrunde auch für Bundestrainer Erich Ribbeck.

CACAU

Geschäftsführer Sportagentur NESS & Network

Marken Botschafter VfB Stuttgart

Deutscher Meister VfB Stuttgart 2007

Platz 3 Weltmeisterschaft 2010

Cacau heißt mit bürgerlichem Namen Claudemir Jeronimo Barreto und ist heute vielfältig im Fußball unterwegs. 2007 wurde er mit dem VfB Stuttgart Deutscher Meister. Von 2009 bis 2012 spielte er als Stürmer für die deutsche Nationalmannschaft, mit der er 2010 den dritten Platz bei der WM in Südafrika gewann. Von 2016 bis 2021 war Cacau Integrationsbeauftragter des DFB.

Wer ist dein sportliches Vorbild und warum? Der Brasilianer Romario, aufgrund seiner Torgefährlichkeit.

Was sind deine Stärken, warum lieben dich die Fans? Mein Ehrgeiz, immer mein Bestes gegeben zu haben, und die Fans lieben natürlich meinen Torschuss.

Wer war dein Entdecker? Dieter Nüssing vom 1. FC Nürnberg.

Was war deine schwerste Verletzung? Als ich das hintere Kreuzband gerissen hatte und sieben Monate pausieren musste.

Was war das schönstes Lob, das du erhalten hast? „Auf dich ist immer Verlass, auch wenn du nicht spielst."

Was ist deine Lieblings-Bibelstelle? „Sei mutig und entschlossen! Lass dich nicht einschüchtern und hab keine Angst! Denn ich, der Herr, dein Gott, stehe dir bei, wohin du auch gehst." (Josua 1,9)

Welchen Menschen möchtest du danken? Meiner Mutter Ana Maria für alles, was sie in mich investiert hat, und meiner Frau Tamara, die immer für mich da war.

Warum ist dir der christliche Glaube wichtig? Er gibt mir Rückhalt und Sicherheit. Das Gefühl, wertvoll und geliebt zu sein. Mut für alle Herausforderungen.

DAS TURNIER

Die Pause

Drei Tage in die Eistonne

„Jetzt legen wir uns erst mal drei Tage lang in die Eistonne." – Diesen legendären Satz prägte Per Mertesacker während der WM 2014. Professionelle Fußballspieler haben heute ein ganzes Team von „Pausenspezialisten" um sich. Diese kümmern sich u. a. darum, dass zur richtigen Zeit Pausen eingelegt werden. Es herrscht dann „Trainingsverbot" oder positiv ausgedrückt: „Pausengebot".

In meinem Sportstudium begannen meine Tage zeitweise so: Früh klingelte der Wecker. Ich packte meine Sachen und radelte los. Die Scheinwerferlichter der Autos  blendeten meine müden Augen. Nach einigen Minuten erreichte ich mein Ziel. Ich öffnete die Tür, ging durch das Drehkreuz, zog mich um und verstaute meine Sachen im Spind. Eine kurze Dusche und ich betrat die Schwimmhalle, in der eine ältere Dame auf der einzigen (!) Schwimmerbahn in Zeitlupe ihren Körper fortbewegte. Unter den strengen Augen des Bademeisters mit dem

> *Gönne ich mir genug Pausen? Wo kann ich innerlich zur Ruhe kommen?*

Adonis-Körper sprang ich ins Wasser und schwamm los.

Ich hatte den Endgegner meines Sportstudiums vor Augen: die Schwimmprüfung. Leider war ich von den benötigten Zeiten meilenweit entfernt. Ich trainierte wie ein Verrückter. Tag für Tag, Woche für Woche. Und fühlte mich ausgelaugt.

Was war schiefgelaufen? Ich hatte die Pausen vergessen! Dabei ist es ein offenes Geheimnis, dass Pausen zu einem guten und erfolgreichen Training dazugehören. Jede Trainingsmethode lebt vom Wechsel von Belastung und Entlastung. In den Pausen regeneriert der Körper und verarbeitet Gelerntes. Ob beim Schwimmen oder beim Fußball.

„Sechs Tage lang könnt ihr arbeiten, am siebten Tag jedoch sollt ihr ausruhen" (2Mose 34,21) – schon in den 10 Geboten gibt es ein Pausengebot. Fällt es dir leicht, im Alltag zur Ruhe zu kommen? Ich finde das gar nicht so einfach bei all den eigenen Baustellen, die ich gleichzeitig zu bewältigen habe. Arbeitsfrei bedeutet eben nicht automatisch, dass meine Gedanken zur Ruhe kommen. Das „Pausengebot" der Bibel greift das auf. Es geht hier um viel mehr als einen bloßen Aufruf zur richtigen Work-Life-Balance. Ursprünglich sollte das Gebot die Israeliten daran erinnern, dass Gott es war, der sie aus ihrer schlimmen Situation befreit hat. Für uns Menschen im 21. Jahrhundert bedeutet das: Wir sind eingeladen zu glauben, dass es im Letzten Gott ist, der sich unse-

rer Baustellen annimmt und die Welt in Gang hält. Das kann uns tiefe Ruhe geben – und die innere Ruhe, Trainingspausen einzulegen, auch wenn wir das Gefühl haben, sie uns eigentlich gar nicht leisten zu können. Gott hat die Pause angeordnet – und der Erfolg liegt letztlich in seiner Hand.

FREDERIK BECK

Frederik Beck unterrichtet Sport, evangelische Religion und Mathe am Gymnasium (Bad Urach). Während sich seine Fußballkarriere im Amateurbereich abspielte, konnte er im Schach nationale Titel gewinnen (u. a. Deutscher Meister U18, Teilnahme an Europa- und Weltmeisterschaften).

Der Verrückte

Der argentinische Nationalstürmer Rene Houseman trug den Spitznamen „El Loco" (der Verrückte) nicht umsonst, wie die folgende Szene beweist:

Im Spiel gegen England sagte sein Trainer zu ihm, dass er sich aufwärmen solle, weil er gleich eingewechselt würde. Nach einiger Zeit bemerkte der Coach, dass sich weder auf der Bank noch am Spielfeldrand etwas regte. El Loco war verschwunden. Alle Assistenten wurden losgeschickt. Einer von ihnen fand den Verrückten schließlich Zigarette rauchend vor den Kabinen. Nach seiner Begründung gefragt, antwortete er, dass er sich doch aufwärmen solle.[11]

FELIX UDUOKHAI

Verein:
FC Augsburg

Lieblingsposition:
Innenverteidiger

Felix Uduokhai spielte in seiner Jugend für den VFB Annaberg 09 und Erzgebirge Aue, bevor er 2008 in die Jugendabteilung des TSV 1860 München wechselte. Dort debütierte er 2016 in der 2. Bundesliga. Zur Saison 2017/2018 wechselte er zum Bundesligisten VFL Wolfsburg. Seit 2020 spielt er beim FC Augsburg. Darüber hinaus war er viele Jahre DFB-Juniorennationalspieler und spielte 2021 in der Olympiamannschaft.

Was ist dein Lieblingsverein? Von Kind an: Arsenal London.

Wer ist dein sportliches Vorbild und warum? Carlos Puyol, weil er immer für Leidenschaft, Hingabe, Freude und Liebe zum Fußball stand. Und er war ein toller Kapitän!

Was sind deine Stärken, warum lieben dich die Fans? Ich versuche so gut es geht, nahbar zu sein und auf dem Platz mit Herz zu spielen.

Was möchtest du sportlich erreichen? Ich würde gerne einen internationalen Titel gewinnen.

Wenn du deine Karriere beendest, dann ... werde ich erst mal mit meiner Familie Urlaub machen.

Was war deine schwerste Verletzung? Das war eine schwere Knieverletzung.

Was war das schönste Lob, das du erhalten hast? „Du hast eine schöne Stimme", aber gut singen kann ich trotzdem nicht (lacht dabei).

Warum ist dir der christliche Glaube wichtig? Meine Identität und meine Gewissheit, dass ich ein Kind Gottes bin durch das, was Jesus für mich am Kreuz getan hat, und eine feste Hoffnung auf das ewige Leben bei Gott!

Felix Uduokhai ist Teil von „Fußball mit Vision", (s. S. 78)

DAS TURNIER

Die K.-o.-Phase

Die entscheidenden Momente

Während der WM 2018 hatte Bundestrainer Joachim Löw einen speziellen Plan mit einem seiner Spieler: Marco Reus sollte während der Vorrunde noch geschont werden, um dann während der K.-o.-Phase in neuer und zentraler Rolle für seine Mannschaft aufzutrumpfen. Bekanntlich kam es nicht dazu.

Dennoch zeigt diese kleine Anekdote, dass sich mit dem Eintritt in die zweite und entscheidende Phase des Turniers noch einmal etwas Entscheidendes verändert: Ab jetzt ist jedes Spiel ein Finale. Ein Ausrutscher, und das Turnier ist vorbei. Da lohnt es sich, ein Ass im Ärmel zu haben und den Gegner gegebenenfalls mit einem neuen Schlüsselspieler zu überraschen.

> „Zur Halbzeit steht es 1:1. Genauso gut hätte es umgekehrt stehen können."
>
> **HERIBERT FASSBENDER**

Schade, dass das 2018 nicht geklappt hat. Ich hätte es Marco Reus sehr gegönnt, eine tragende Rolle für die Nationalmannschaft zu übernehmen.

> *Rechne ich mit K.-o.-Momenten im Leben?*

Auch im ganz normalen Leben gibt es so etwas wie K.-o.-Spiele. Momente, in denen es darauf ankommt. Plötzliche Ereignisse, die den weiteren Verlauf entscheiden. Das Problem ist: Für die meisten dieser K.-o.-Momente können wir uns keinen Spielplan ausdrucken oder sie im Kalender eintragen. Die K.-o.-Spiele des Lebens kommen nicht selten völlig unerwartet.

Das können persönliche Krise sein: wenn die Ärztin die Stirn runzelt und murmelt: „das sieht nicht gut aus …" oder der Partner feststellt: „Wir haben uns einfach auseinandergelebt."

Aber auch schleichende Entwicklungen können langsam zum K.-o.-Spiel werden. Wenn man nach Jahrzehnten im Job etwas ernüchtert feststellt: „Eigentlich wollte ich mit meinem Leben etwas ganz anderes machen!"

In solchen Momenten kommt es drauf an. Und auch da ist es gut, ein Ass im Ärmel zu haben und das Leben mit einem Schlüsselspieler zu überraschen.

Jesus kann so ein Schlüsselspieler für uns werden. Er ist fest entschlossen, in jedem K.-o.-Spiel des Lebens an unserer Seite zu stehen. Das bedeutet nicht, dass wir sie alle gewinnen werden. Auch Christen werden von ihren Chefs gekündigt. Auch Jesus-Nachfolger erleben, dass Beziehungen in die Brüche gehen. Auch mit Jesus kann man krank werden, um sein Leben bangen oder es sogar verlieren.

Aber mit Jesus sind wir in all diesen Spielen nie allein. Nicht im Sieg. Und vor allem auch nicht in der Niederlage. Und das wichtigste K.-o.-Spiel am Ende unseres

Lebens, das wir mit Sicherheit verlieren werden, hat er schon entschieden. MARIO LEFEBRE

> *Jesus sagt: „Ich bin die Auferstehung und das Leben. Wer an mich glaubt, wird leben, auch wenn er stirbt."*
>
> **JOHANNES 11,25**

Mario Lefebre war viele Jahre aktiver Fußballer beim SSV Bad Endbach-Günterod, Landesliga-Mitte (4. Liga). Als Physiotherapeut betreut er u. a. den SSV Allendorf, Hessenliga, und ist hauptamtlich im Jugendsport bei SRS e.V. tätig.

Stinkende Socken bringen Glück?

Viele Fans und Fußballspieler sind dafür bekannt, dass sie bestimmte Kleidungsstücke für längere Zeit nicht waschen wollen, solange die Siegesserie anhält. Gerade in Turnieren ist das eine gängige Praxis. Dahinter verbirgt sich der Aberglaube, dass die jeweiligen Sachen im originalen Zustand den Spielausgang positiv beeinflussen.

Die Fußball-WM 2026 soll mit 104 geplanten Spielen über 40 Tage lang andauern. Die beiden Mannschaften im Endspiel werden bis dahin mind. acht Spiele je 90 Minuten absolviert haben. Hoffentlich sind in ihren Reihen nicht zu viele Kicker, die die Nicht-wasch-Strategie auf ihre Socken anwenden. Der Gestank wäre kaum auszuhalten. Aber nicht nur des Gestanks wegen sind gegen sportliche Niederlagen sicher andere Strategien Erfolg versprechender.[12]

DAS TURNIER

Das Finale

Auf das Ende kommt es an

„Finale" – das Wort löst bei mir unterschiedliche Reaktionen aus: Beim sogenannten Wunder von Bern zum Beispiel empfinde ich, wie nahezu alle Deutschen, eine große Portion Stolz und Freude, weil wir auf der Seite der Sieger standen. David hatte Goliat besiegt, die Bundesrepublik war Weltmeister und die Bevölkerung völlig aus dem Häuschen. Oder natürlich das Finale 2014, Maracanã-Stadion, 1:0 gegen Argentinien, nach dem Deutschland im Halbfinale schon Brasilien mit 7:1 vom Platz gefegt hatte.

Ganz anders dagegen sind meine Gefühle, wenn ich an das WM-Finale von 2002 denke. Mit hängenden Köpfen – allen voran Oliver Kahn – sind unsere Jungs nach der Niederlage gegen Brasilien vom Platz geschlichen. Ein Stich ins Herz der Nation. Wir litten alle mit, als Teamchef Rudi Völler danach vor der Kamera stand und um Worte ringen musste.

Das Wort „Finale" hat einen lateinischen Ursprung (finis) und bedeutet einfach nur „Ende". In diesem Zusammenhang kommt der Begriff auch in der Bibel relativ häufig vor. Immer wieder wird dort das Ende thematisiert. Weil alles einen Anfang hat, einen Beginn, einen

ersten Tag, muss es auch ein Ende haben und es muss einen letzten Tag geben. Der kluge König Salomo bringt diese Selbstverständlichkeit auf den Punkt, indem er sagt: „Alles hat seine Zeit […] geboren werden hat seine Zeit, sterben hat seine Zeit" (Prediger 3,2). Und Jesus selbst formuliert es noch kürzer mit den Worten „Himmel und Erde werden vergehen […]" (Lukas 21,33).

Man könnte jetzt denken: Dann ist ja alles egal – und davor so lange wie möglich die Augen verschließen. Kein Fußballer würde sich so aufs Finale vorbereiten. Das Lebens-Finale hat einiges mit einem Fußball-Finale gemeinsam: Man kann dabei verlieren oder gewinnen. Das diesseitige Leben, alles, was wir sehen und anfassen können, geht tatsächlich auf einen letzten Tag zu. Das bedeutet aber nicht, dass sich danach alles in Luft auflösen wird. Nein! Danach beginnt ein ganz neues, ewiges Leben unter völlig anderen Voraussetzungen. Und wie wir dieses ewige Leben verbringen werden, entscheidet sich im Finale. Gerade deshalb

> „Wenn man keine Tore macht, ist es ganz schwer, ein Spiel zu gewinnen."
>
> REINHOLD FRANZ

ist es gut und notwendig, sich darauf vorzubereiten, wie Sportler es auch tun.

Der oben zitierte Satz von Jesus Christus, „Himmel und Erde werden vergehen", geht noch weiter. Der zweite Halbsatz lautet: „[...] aber meine Worte werden nicht vergehen." Im Finale besteht, wer den perfekten Trainer, den Abwehrkämpfer, den Himmelsstürmer, den absolut gerechten Schiri, von dem in diesem Buch die Rede war, an seiner Seite hat. Und wer sich damit beschäftigt und sich darauf einlässt, ist bestens auf das Finale vorbereitet.

HARALD ORTH

Himmel und Erde werden vergehen;
aber meine Worte werden nicht vergehen.

LUKAS 21,33

Bei SRS engagieren sich über 700 ehrenamtliche und 70 angestellte Mitarbeiter.

Im Sport.
Wir leben im Sport. Unser Schwerpunkt liegt in der Förderung und Begleitung von Sportlern aller Alters- und Leistungsklassen sowie Menschen in deren Umfeld. Diese Begleitung erfolgt durch unterschiedliche Angebote und in verschiedenen Lebens- und Sportsituationen.

Für Menschen.
Wir begegnen den speziellen Interessen, Anliegen und Bedürfnissen der Menschen im Sport mit Kompetenz und echtem Interesse, unabhängig von ihrer sportlichen Leistung und unabhängig von ihren Fähigkeiten, ihrer Herkunft, ihrem Glauben und ihrer Bildung.

Mit Gott.
Ausgangspunkt und Kompass unserer Arbeit ist der christliche Glaube an Gott als Schöpfer, an Jesus Christus als Gottes Sohn und an den Heiligen Geist als Motivator und Wegweiser. Unserer Arbeit liegt das biblisch-christliche Menschenbild zugrunde. Christen sollen ihren Glauben im Sport leben und Gott soll im und durch Sport geehrt werden. Wir setzen uns dafür ein, dass Menschen Jesus Christus kennenlernen können.

SRS e.V.
Im Sportzentrum 2
57610 Altenkirchen

02681 941150
info@srsonline.de

www.srsonline.de

„Wenn der Ball rollt …"

… dann sind wir von „Fussball mit Vision" dabei. Wir sind ein Team von aktiven und ehemaligen Fußballprofis, die der christliche Glaube und die große Leidenschaft zum Fußball verbindet. Seit 2022 sind wir als gemeinnütziger Verein in mehreren Projekten engagiert und bieten u. a. für Schulen, Sportvereine, Gemeinden und leistungsorientierte Fußballer verschiedene Angebote rund um das Thema „Profifußball und Glaube" an.

Hier geht's zu regelmäßigen *Fussball mit Vision* Beiträgen von Felix Uduokhai und weiteren christlichen Fußballern:

 @fussballmitvision
#fussballmitvision

Ein absolutes Highlight: Profifußballer kommen an deine Schule, auf deine Veranstaltung!

 Hier gibt's alle Infos:

www.fussballmitvision.de

Endnoten

1. Vgl. https://www.birminghammail.co.uk/sport/football/football-news/aston-villa-birmingham-city-enckleman-12917403, aufgerufen am 23.11.2023.
2. Zitiert nach Hoffnung für alle®, Copyright © 1983, 1996, 2002 by Biblica, Inc.®. Verwendet mit freundlicher Genehmigung von Fontis – Brunnen Basel.
3. Dieses Ereignis ist berichtet in Luciano Wernicke, Unglaubliche Geschichten aus der Welt des Fußballs (Aachen: Meyer & Meyer-Verlag 2020), S. 237.
4. Vgl. https://rp-online.de/sport/fussball/international/england/schiedsrichter-zeigt-papagei-die-rote-karte_aid-8840161, aufgerufen am 23.11.2023.
5. Dieses Ereignis ist berichtet in Luciano Wernicke, a.a.O., S. 109.
6. Zitiert nach Einheitsübersetzung der Heiligen Schrift, © 2016 Katholische Bibelanstalt, Stuttgart.
7. Dieses Ereignis ist berichtet in Luciano Wernicke, a.a.O., S. 213.
8. Vgl. https://www.nairaland.com/1038816/football-facts-all-time, aufgerufen am 23.11.2023.
9. Dieses Ereignis ist berichtet in Luciano Wernicke, a.a.O., S. 184.
10. Zitiert nach Gute Nachricht Bibel, durchgesehene Neuausgabe, © 2018 Deutsche Bibelgesellschaft, Stuttgart.
11. Dieses Ereignis ist berichtet in Luciano Wernicke, a.a.O., S. 212.
12. Das Socken-Ritual ist erwähnt bei Daniel Kicker: 1000 spannende Fußballfakten! Cooles Allgemeinwissen für Fußballfans (Bratislava: © Independently published, 2022), S. 144).

Bildrechteinhaber (Seite):

Victor Velter/Shutterstock (2), nikkimeel/Adobe Stock (2), Marco Martins/Adobe Stock (3), katatonia82/Shutterstock (3), philphildaub/Adobe Stock (3), Diogo Brandao/Unsplash (4), Wolfgang Wimmer (5, 78), rafikovayana/Adobe Stock (7), Dziurek/Adobe Stock (8, 11, 19, 50, 52), picture alliance / YONHAPNEWS (9), picture-alliance/dpa | Michael Hanschke (10), NikAndr/Adobe Stock (12), picture alliance/Peter Schatz (13), charnsitr/Adobe Stock (15), picture alliance / Norbert Schmidt (16), Allistair/peopleimages.

com/Aobe Stock (17), John O'Nolan/Unsplash (18), picture alliance/Sportfoto Zink/Daniel Marr (20), Janosch Diggelmann/Unsplash (21), olly/Adobe Stock (22), Christian Bertrand/Shutterstock (23), usa today uspw | USA TODAY USPW (24), Steffen Prößdorf (25, 71), Dziurek/Adobe Stock (26), Gorodenkoff/Adobe Stock (27, 44), BARLOP/Adobe Stock (28), fifg/Adobe Stock (28, 74), Ronny Sison/Unsplash (29), Anton.Matushchak (30), picture alliance / Fußball-News Saarland / Fabian Kleer (32), Dziurek/Adobe Stock (33), Andrey Kuzmin/Adobe Stock (34), DOC RABE Media/Adobe Stock (36), picture alliance / Pressefoto Rudel | Herbert Rudel (36), Koonsiri/Adobe Stock (39), graja/Adobe Stock (39), Alexis Scholtz/peopleimages.com/Adobe Stock (40), Allistair F/peopleimages.com (42, 48), Jacob Lund/Adobe Stock (43), picture alliance/dpa | Jürgen Kessler (45), campobahia.com (46), Rawpixel.com/Adobe Stock (47), picture alliance/AP Photo | Uncredited (49), Passakorn/Adobe Stock (54), picture alliance / AP Photo | Arisson Marinho (55), KOTO/Adobe Stock (56, 57), Daniels C/peopleimages.com/Adobe Stock (58), picture alliance / TT NYHETSBYRÅN / Janerik Henriksson (59), matimix/Adobe Stock (60), sergey2/photocase.de (61), filistimlyanin1/Adobe Stock (62), ETH-Bibliothek Zürich/Comet Photo AG (Zürich) (63), Wim van Rossem/Anefo (64), Ben Sutherland (64), picture alliance/dpa / Arne Dedert (66), Valmedia/Adobe Stock (67), El Grafico (69), picture alliance/dpa | Karl-Josef Hildenbrand (70), aneduard/Adobe Stock (73), Jacob Lund/Adobe Stock (75, 76)

Die Bibelstellen sind, wenn nicht anders angegeben, der Neuen Genfer Übersetzung, Neues Testament und Psalmen, © 2011 Genfer Bibelgesellschaft; entnommen.

© der deutschen Ausgabe:
2024 Brunnen Verlag GmbH, Gießen
Umschlagfoto: picture alliance / empics | Adam Davy,
kovop58/Adobe Stock
Umschlaggestaltung, Satz: Jonathan Maul
Druck: Graspo, Tschechien
ISBN 978-3-7655-4261-9
www.brunnen-verlag.de

Weitere Informationen und Material:

www.brunnen-verlag.de/fussball-em-2024